浙江省哲学社会科学重点研究基地
（浙江省中国特色社会主义理论研究中心）
课题成果（课题编号：17JDZZ03）

U0743872

特色小镇4.0

浙江经济新引擎

王明华 著

浙江工商大学出版社 | 杭州
ZHEJIANG GONGSHANG UNIVERSITY PRESS

图书在版编目（CIP）数据

特色小镇4.0：浙江经济新引擎 /王明华著． — 杭
州：浙江工商大学出版社，2019.9
ISBN 978-7-5178-3486-1

Ⅰ.①特… Ⅱ.①王… Ⅲ.①小城镇－城市建设－
研究－浙江 Ⅳ.①F299.275.5

中国版本图书馆CIP数据核字（2019）第208308号

特色小镇4.0——浙江经济新引擎
TESE XIAOZHEN 4.0——ZHEJIANG JINGJI XINYINQING

王明华 著

责任编辑	张婷婷
责任校对	穆静雯
封面设计	林朦朦
责任印刷	包建辉
出版发行	浙江工商大学出版社

（杭州市教工路198号　邮政编码310012）

（E-mail：zjgsupress@163.com）

（网址：http://www.zjgsupress.com）

电话：0571-88904980，88831806（传真）

排　版	杭州红羽文化创意有限公司
印　刷	杭州高腾印务有限公司
开　本	710mm×1000mm　1/16
印　张	15
字　数	223千
版 印 次	2019年9月第1版　2019年9月第1次印刷
书　号	ISBN 978-7-5178-3486-1
定　价	45.00元

前　言

　　世界上特色小镇的发展已经取得了许多成功的经验。发达国家特色小镇的发展对社会影响巨大,如瑞士达沃斯小镇、美国格林尼治小镇、日本柯南小镇、法国格拉斯小镇等等,这些小镇无不体现出"生产、城市、人居、文化"融合的特征,在产业集聚、空间选址、经营特色、文化特色、循环经济诸方面多有借鉴意义。2015年1月21日,时任浙江省省长李强在浙江省人民政府2015年《政府工作报告》中提出"加快规划建设一批特色小镇",在经济转型时期,发展特色小镇,培育新的经济增长点。2016年10月,国家三部委出台《住房城乡建设部　国家发展改革委财政部关于开展特色小镇培育工作的通知》(建村〔2016〕147号),列出了127个小镇,作为全国首批试点特色小镇。

　　特色小镇是一个历史性的概念,国内外对特色小镇发展阶段的定位尚无统一定论。企业集群与特色小镇有紧密的联系。国内对于企业集群的研究成果丰富,形成了温州模式、苏南模式、义乌模式等。一村一品、产业集群、块状经济都给浙江经济发展带来了活力,在新时期依然发挥重要作用。国务院参事室参事、原住建部副部长仇保兴从产业特色的角度分析,提出国内特色小镇已经从1.0版发展至4.0版。本课题认为,从产业发展的角度看,浙江省特色小镇发展可以定位为4.0版。特色小镇4.0是经济转型升级的结果,也是新的发展动力源泉。

　　自2015年浙江省首批省级特色小镇出台以来,已经有115个小镇参与创建,此时需要对特色小镇创建特色进行一个梳理,厘清特色小镇发展脉络,分析特色小镇对当地经济转型升级的带动和推动作用。本研究为浙江省哲学社会科学重点研究基地2017年度专项课题,本书是浙江省哲学社会科学重点研究基地(浙江省中国特色社会主义理论研究中心)课题成果(课题编号:17JDZZ03;课题题目:

"特色小镇4.0版——浙江经济转型升级新引擎")。本书共分八章,第一章潮涌浙江特色小镇,第二章到第八章分别解析数字经济特色小镇、环保类特色小镇、文创旅游特色小镇、时尚特色小镇、金融特色小镇、高端装备制造特色小镇、历史经典特色小镇。

该项目得益于浙江省社科院、浙江省哲学社会科学重点研究基地(浙江省中国特色社会主义理论研究中心)的经费支持。特别感谢浙江省国贸集团杨永军的指导、中共浙江省委党校白小虎教授的研讨帮助、浙江省社科院傅歆的指导和督促,也特别感谢家人的长期支持。由于时间仓促、资料不足、水平有限,本书尚有很多不足和错误之处,敬请批评指正。

王明华

2019年6月

目　录

第一章 潮涌浙江特色小镇

  区域经济是浙江经济发展的特色,小镇是区域经济发展的缩影,特色小镇是浙江经济转型升级的产物与特色。改革开放40多年,浙江省特色小镇经历了四个阶段,即1.0版"小镇+一村一品"、2.0版"小镇+企业集群"、3.0版"小镇+特色服务业"、4.0版"小镇+新经济体",当前浙江省特色小镇建设已经进入"小镇+新经济体"的4.0版。浙江特色小镇4.0版是对五大发展理念"创新、协调、绿色、开放、共享"的写实写照。推动特色小镇建设不仅是加快新型城镇化建设的一个重要突破口,也是经济转型升级的新引擎。

  2015年6月浙江省公布首批37个省级"特色小镇",并计划在三年内重点培育100个左右的特色小镇,这些特色小镇涉及数字经济、文创旅游和历史经典等多个产业,产业导向是特色小镇规划思路的核心。2015年6月公布了首批浙江省特色小镇创建名单,共有37个小镇入选;2016年1月公布了第二批浙江省特色小镇创建名单,共有42个小镇入选;2017年8月公布了第三批浙江省特色小镇创建名单,共有35个小镇入选;2017年9月公布了第四批浙江省特色小镇创建名单,共有21个小镇入选。目前有115个批复创建小镇,集中体现了从构建产业转型升级创新平台、打造特色产业生态、打造"双创"孵化器、打造资源要素集聚高地等战略布局,即将成为浙江经济转型升级的新引擎。

第一节
风起云涌特色小镇

发达国家在工业化和城市化过程中出现了产业集聚、城市集聚的潮流，同时，在此过程中，也出现了产业、城市功能分散的案例，在中心城市、超大型城市、城市群、都市圈发展的大潮中，也出现了星星点点的特色小镇，这些特色小镇小而特、精而美，具有独特的发展优势，被称为产业界的明珠。

一、发达国家特色小镇成为经济转型发展的亮点

在经济发达国家，国际竞争力超强的研究中心、孵化器、产业，多聚集在小镇而非中心城市。在世界经济版图中，有一些最具竞争力的产业并非聚在大型城市中，而是生长在小镇中，成为经济版图中的明珠。

（一）科技特色小镇

门罗帕克小镇——高科技产业特色科创小镇。加利福尼亚州是美国风险投资基金聚集地，加利福尼亚州的风险投资基金又聚集在门罗帕克小镇，小镇风险投资基金投资了纳斯达克一半以上的高科技公司。门罗帕克小镇是美国硅谷的组成城市之一，其规划符合"商务区城市"，商务办公、居住、配套各占三分之一的面积，是一个宜居宜业的高品质地区。小镇靠近斯坦福大学，有一批伟大科学家和一批甘于当"小白鼠"的人，人才荟萃。

美国硅谷由一连串特色小镇构成。如斯坦福大学校区，如拥有谷歌公司、惠普公司、脸书公司、特斯拉公司、罗技公司等企业的硅谷孵化中心帕罗奥图市，如苹果公司、赛门铁克公司等企业所在城市库比蒂诺市，如英特尔公

司所在城市山景城,如洛克希德公司、雅虎公司所在城市森尼维尔市等。这些城市一般只有几万人,相对于中国来说就是一个特色小镇,而硅谷就是由这样一连串的高科技特色小镇(特色小城市)组成的。

英国的科技创新中心集中在特色小镇。如剑桥镇就是一个人口不到10万的特色小镇。剑桥镇拥有世界知名大学剑桥大学,是英国教育和科技创新中心。例如英国的Sinfin小镇,拥有罗伊斯·罗尔斯公司总部,是世界上最先进的航空发动机制造小镇。

(二)金融特色小镇

格林尼治对冲基金小镇——美国金融产业特色小镇。该镇属于康涅狄格州,人口约6万,面积174平方千米。它已经聚集了500多家对冲基金管理公司,管理数千亿美元资产,对冲基金规模占了全美近1/3,小镇人均收入超过900万美元。该镇城市要素完善。小镇远离纽约大城市的喧嚣,却拥有完善的社区服务和优越的地理位置。小镇距纽约大约60千米,附近有3个机场,城市交通便利。小镇吸引了大批对冲基金行业优秀人才,形成人才高地和集聚效应。小镇产业扎堆发展,总部经济成为该镇的主导产业,城市居住环境与基金产业完美融合。

(三)工业特色小镇

德国的汽车制造小镇。德国英戈尔斯塔特是汽车制造小镇,小镇拥有奥迪全球总部,被称作"奥迪之城",小镇位于老城区的人口不过2万—3万,加上新区域也不过13万人左右。小镇有奥迪全球总部基地办公大楼、奥迪汽车博物馆、奥迪工厂、研发机构、配套停车楼、社区等,工业小镇集产业、生态、生活于同一空间,既能满足产业发展的需求,又能满足人居需求,实现了"生产、城市、人居、文化"的融合。

(四)文旅特色小镇

瑞士达沃斯小镇——世界著名的文化名镇。小镇位于阿尔卑斯山系中的达沃斯谷地,自然环境优美,是会议、温泉度假、滑雪与溜冰等运动度假胜地。因为"世界经济论坛"在小镇召开,所以论坛也被称为"达沃斯论坛",这让小镇蜚声世界。

(五)主题特色小镇

世界上还涌现出具有某方面特色的产业小镇或者文化小镇。

瑞士食品主题沃韦小镇,拥有雀巢公司总部,在雀巢公司的带动下形成了产业集群,并拓展发展成为食品产业、文化旅游产业综合发展的食品特色小镇。

日本动漫主题柯南小镇。柯南小镇位于《名侦探柯南》作者青山冈昌的家乡鸟取县北荣町,小镇融入动漫人物与场景,通过动漫元素吸引游客、动漫爱好者、动漫朝圣者,发展文化旅游产业。

法国香水主题格拉斯小镇。格拉斯小镇最早成名于皮革业,因污染而被迫转型,发展鲜花种植业,因鲜花种植业而发展香水制造业,因鲜花种植和香水制造而带动了旅游产业。

法国浪漫之旅主题普罗旺斯小镇。普罗旺斯由许多美丽城镇构成,它的薰衣草闻名世界,每年吸引大量游客。

(六)发达国家特色小镇的特征

发达国家的特色小镇能够发展成为经典,成为经济增长点,是因为"产、城、人、文"一体化特色鲜明。

产业是核心驱动力。这些小镇都要有一个能够为当地发展带来经济效益的核心产业,或为科技,或为工业,或为自然景观,等等。小镇因为有产业核心,从而形成相关产业联动发展。

城市是生活新空间。特色小镇具有现代城市的基本服务甚至高端服务,但是又抛弃了城市的喧嚣,加持了乡村的宁静,其城市社区服务也比较完善,是宜居之地,营造了舒适的生活空间。

文化是产业附加值。这些小镇通过特色产业发展,逐渐形成自己的文化特质,形成特有的文化标签、文化符号,这个文化符号突破了小镇的局限,提升了小镇品牌价值,增加了产业附加值。

旅游是发展驱动力。鲜花之旅、香水之旅、浪漫之旅、工业之旅、品味之旅等特色旅游,带动了小镇的服务业,服务业和核心产业打通之后,也促进了小镇核心产业良性发展。

二、浙江经济转型升级生出特色小镇

浙江省产业与经济发展领先于全国大部分地区,经济转型压力也最先到来,受到国外特色小镇启示,浙江省率先提出建设特色小镇的战略安排。

(一)浙江省率先提出建设特色小镇

2015年1月21日,时任浙江省省长李强在浙江省第十二届人民代表大会第三次会议上的浙江省人民政府2015年《政府工作报告》中提出"加快规划建设一批特色小镇"。报告中指出要"按照企业主体、资源整合、项目组合、产业融合原则,在全省建设一批聚焦七大产业、兼顾丝绸黄酒等历史经典产业、具有独特文化内涵和旅游功能的特色小镇,以新理念、新机制、新载体推进产业集聚、产业创新和产业升级"[1]。在"大力发展高端制造业和现代服务业,加快转型升级"板块中讲到"加快规划建设一批特色小镇"。[2]

2015年6月,首批浙江特色小镇创建启动,共选出37个特色小镇。2016年1月,浙江省第二批特色小镇创建启动,共选出42个小镇。2017年8月,第三批浙江省特色小镇创建启动,共选出35个小镇。2017年9月,第四批浙江省特色小镇创建启动,共选出21个小镇。四批共有115个小镇入选创建名单。

(二)特色小镇创建试点在全国铺开

特色小镇建设被认为是经济转型升级、新型城镇化过程中的一种尝试。中国地域之广,地方发展之特色缤彩纷呈,经济特色各有千秋,可以选择合适的地方进行试点。创建特色小镇,培育新的经济增长点;以点带面,形成示范

---

[1] 浙江省人民政府2015年《政府工作报告》,《浙江日报》2015年1月27日。
[2] 同上。

效应,促进转型发展。

住建部和国家发改委于2016年7月联合发布《关于开展特色小镇培育工作的通知》,明确提出到2020年要实现培育大约1000个特色小镇的目标。向全国推广特色小镇创建工作,特色小镇创建进入初步推广期。特色小镇已经上升为国家发展改革的试点,并形成了一整套试点改革、评价评估的体制和机制,特色小镇不仅纳入地方的规划,也成为供给侧结构性改革的一大切入点。

国家三部委于2016年10月出台《住房城乡建设部 国家发展改革委 财政部关于开展特色小镇培育工作的通知》(建村〔2016〕147号)文件,公布了有127个小镇入选的第一批中国特色小镇名单,其中浙江有8个小镇入选培育名单。

三、特色小镇建设成为经济转型升级的引擎

国家发展改革委明确了建设特色小镇、特色小城镇的原因,指出发展特色小镇和小城镇的目的"是推进供给侧结构性改革的重要平台,是深入推进新型城镇化的重要抓手,有利于推动经济转型升级和发展动能转换,有利于促进大中小城市和小城镇协调发展,有利于充分发挥城镇化对新农村建设的辐射带动作用"①。特色小镇建设有利于推动公共服务变革和人才政策等相关领域改革,有利于经济社会整体性地转型升级发展,它成为浙江省经济转型升级的新引擎。

(一) 特色小镇建设是新时代供给侧改革的动力

供给侧相对于需求侧的概念,国民经济的稳定发展取决于经济中供求关系的相对平衡。经济政策从供给与需求两个角度衡量,分为供给学派和凯恩斯学派。供给学派与凯恩斯主义是对立的。20世纪30年代以前,经济发展处于上升期,占据主流地位的是供给学派,此时各国的经济政策侧重于发展生产。但在大萧条时期,存在过剩产能,这很难用供应学派来解释。因此,凯恩

---

① 《加快美丽特色小(城)镇建设的指导意见》发改规划〔2016〕2125号,http://bgt.ndrc.gov.cn/zcfb/201610/t20161031_824907.html。

斯主义认为,经济中缺乏有效需求应该刺激总需求。在20世纪70年代和80年代,美国和欧洲经历了滞胀,通货膨胀和失业率居高不下,这与凯恩斯主义的观点背道而驰,供给学派再次占据主流。由于凯恩斯主义是一种反周期工具,而且见效如此之快,它在滞胀之后又重新流行起来,当时政府也无法抗拒这种诱惑。凯恩斯主义者强调通过需求管理来调节经济周期,特别是通过在经济衰退期间增加政府的公共支出(扩张性财政政策)来稳定经济。古典学派和供给学派强调供应方面的作用,强调了采用财政和货币政策来刺激生产企业调整产品结构,提高产品质量,强调提高供应能力,国民经济发展依靠技术进步和生产效率提高。从国外实践的角度来看,供给侧改革的典型做法是减少税收,减少政府对经济生产的干预。"里根经济学"和"撒切尔主义"是供给侧观点的典型做法。它们的共同点是关注减税和减少政府对生产的干预,"里根经济学"侧重于减税,"撒切尔主义"侧重于国有企业的私有化。我们的供给侧改革明显不同于"里根经济学""撒切尔主义"。我们的供给侧改革是从供应、生产端着手,降低企业税收负担,降低交易成本,促进生产领域的投资更有效促使资源向新兴领域、创新领域集聚,创造新的经济增长点,最终实现经济结构转型和可持续发展。

(二) 特色小镇建设是发展新型城镇化的新起点

新型城镇化和经济发展水平有紧密的相关性,新型城镇化是城市化发展的重要组成部分。发达国家的城镇化率都非常高,在80%—90%。其中日本达到93.02%,澳大利亚达到89.29%,英国达到82.34%,美国达到81.45%,韩国达到82.36%。发展中国家则普遍在50%左右,而和中国发展水平相近的土耳其是72.89%,墨西哥是78.97%。中国的城市化率为58.52%,和土耳其、墨西哥等国家相比,我们至少还有十几个百分点可以增长。城镇化率提高的背后是内需扩大和增长拉动的逻辑。中国的新型城镇化,是城乡统筹发展、城乡一体化、产业互动、经济集约化、生态宜居、和谐发展过程,是新型农村社区、小城镇和大中小城市协调发展、相互促进。由于大中城市发展已经取得相当好的成效,实际上就是发展小城镇,构建新型的农村社区。新型城镇化不是简单地把农村发展成为城市,也不是把城市建设模式、管理体制、工业发展等要素、经验复制到农村。特色小镇建设是有重点、有批次、有特色、有产业的新型城镇化,符合经济发展规律的战略选择。

(三) 特色小镇建设是发展动能转换的突破点

特色小镇改革是在原有城市发展的模式下,寻找新的增长点。所谓新动能,是靠技术革新和体制改革促进经济发展的动力,是新一轮科技革命和产业变革孕育的经济社会发展新动能,如新技术、新业态、新产业、新模式,都是发展的新动能。新动能不再靠不可再生资源的投入,而是用最少的资源消耗产生最大的效益,甚至是资源重复利用、可再生利用,更多地消耗可再生能源。而所谓的旧动能,就是传统的依靠资源投入、资源消耗带来增长的动力,如高污染、高能耗的制造业均属于旧动能,旧动能消耗不可再生资源。新旧动能还区别于新动能是以高度智能化和网络化为主导的,而旧动能是以机械化为主导的。旧动能可以经过改造提升为新动能。特色小镇建设就是摒弃原来的旧动能发展模式,按照"绿色、创新"的要求发展特色产业,有特色化经济新模式、新业态。

(四) 特色小镇是城市和城镇协调发展的链接点

目前中国有70多个大中城市,2856个县级行政区划中小城市。改革开放40多年来,城市规模不断扩大,特别是大城市不断扩张。以高铁为代表的现代化交通的飞跃性发展,造成了客观上大城市人口更加集聚,部分中小城市、城镇出现了收缩。2019年4月8日,国家发展改革委发布的《2019年新型城镇化建设重点任务》中,首次出现了"收缩型城市"的概念。发改委提出"收缩型城市"概念,目的是要引导人口、公共资源向城区集中,便于资源集中集约利用。而事实上,它却出现了"城镇收缩"现象。清华大学建筑学院特别研究员龙瀛通过卫星图像监测了3300个城镇的夜间照明强度,发现2013年至2016年间,938个城镇的灯光强度在变暗,占总数的28.4%。由此得出结论,他认为938个城镇人口不断外流,正处于收缩状态。[①]城市和城镇出现了马太效应,

---

① 《中国中小城市准备好应对"收缩时代"了吗》,http://www.bjnews.com.cn。

大的更大,小的更弱。农村的萎缩会直接影响三农的发展,对公共服务均等化带来挑战,影响老百姓的福祉。特色小镇就是以"产城人文"等形态重塑新兴的农村城镇,增加农村的活力。

(五) 特色小镇推动了公共服务变革

建设特色小镇可以改变城乡二元结构。特色小镇的发展可以扭转资源向城市中心区、大中城市集中的局面,促进公共服务向基层延伸,改进政府服务模式,吸引社会资本参与新型城镇建设,拓展城市发展空间,有效促进内需消费和投资拉动。为了满足转型发展和特色小镇发展的需要,浙江省在全省推动"最多跑一次"改革,在全行业推行"店小二"式、保姆式服务,在公共服务体系中运用互联网、物联网、大数据、云计算等技术实现了公共服务体系基础设施更新换代,服务流程、服务体系、审批体系等制度体系、制度网络实现了升级变革。

(六) 特色小镇建设推动了人才政策变革

人才是第一资源,人才政策在特色小镇建设中起着决定性的作用。在特色小镇建设过程中,浙江省人才政策整体上更加具有竞争力。以杭州为例,连续多年,杭州成为一线城市和新一线城市中人才净流入最多的城市,其中人才政策起到了重要作用。杭州的人才发展战略和优惠的杭州政策构架完善。从2004年6月至2018年2月,杭州市出台的有关人才的通知、规定、办法、意见、细则、条例等文件有98项,其中2017年发出26项文件。社会影响力最大的有3项:2015年1月出台的《关于杭州市高层次人才、创新创业人才及团队引进培养工作的若干意见》(简称"人才新政27条"),2016年11月出台《关于深化人才发展体制机制　改革完善人才新政的若干意见》(简称"人才新政22条"),2018年2月出台《关于加快推进杭州人才国际化的实施意见》(含"全球聚才十条""开放育才六条")。杭州市已经形成国内人才、国际性人才、人才平台的广度构架,从大学毕业生、普通技师到国际顶尖人才的深度构架,在育才、引才、用才、留才等方面,形成了人才政策体系。杭州市特色小镇创建数量和质量都居于全省首位,人才要素是一个重要的成功因素。

第二节
特色小镇规范建设

2015年浙江省发文提出特色小镇规划建设的指导意见之后，全国掀起了特色小镇建设和研究的热潮。浙江省提出的特色小镇和住建部提出的特色小镇、特色小城镇略有不同。全国各地到浙江考察，并以浙江特色小镇为蓝本进行创新，呈现百花齐放的良好局面。

特色小镇不同于传统的行政城镇，与工业园区和经济开发区不同，不是把原有的工业园区、开发区、古街、古建筑群进行包装，冠以特色小镇之名。浙江省在特色小镇考核中有部分小镇因为不合格而被剔除出创建和培育名单。

一、特色小镇的内涵

权威部门对特色小镇和特色小城镇进行了区分和界定。在2016年10月《加快美丽特色小（城）镇建设的指导意见》中，把特色小镇表述为"特色小（城）镇"，包括特色小镇、小城镇两种形态。特色小镇主要指聚焦特色产业和新兴产业，集聚发展要素，不同于行政建制镇和产业园区的创新创业平台；特色小城镇是指以传统行政区划为单元，产业特色鲜明、具有一定人口和经济规模的建制镇。这样就出现了两种形态，一种是以行政建制镇为单位的，一种是以产业为单位的。以产业为单位的可以和行政建制镇重合，也可能小于行政建制镇，或者跨行政建制镇。

浙江省对特色小镇的定位区别于特色小城镇。特色小镇是相对独立于市区，具有明确产业定位、文化内涵、旅游和一定社区功能的发展空间平台，区别于行政区划单元和产业园区。特色小镇就是在一定区域内，聚焦数字经济、环保、文创旅游、时尚、金融、高端装备、历史经典等特色产业或者新兴产业,融合产业、文化、旅游、社区等四大功能的创新创业发展平台。

特色小镇的特点之一就是不同于行政建制镇,它打破了行政建制的束缚,转之以功能来进行定位。特色小镇与传统的行政建制镇相比,更加突出其产业特色;特色小镇与原来的工业园区、产业园区相比,不仅有产业功能,还兼具文化、旅游和社区等功能;特色小镇与传统的旅游景区比较,又多了产业和社区功能。所以,特色小镇是一种既非行政镇又非产业区,又是镇区又是产业区的模糊概念,融合了多重功能,是新时代创新发展的崭新平台。①

二、特色小镇建设特点突出

特色小镇有别于特色小城镇,特色小镇必须具有自己的特色。改革实践表明,特色小镇要具有产业"特而强"、功能"聚而合"、形态"小而美"、机制"新而活"四大特点。②

(一) 产业"特而强"

产业"特而强"是浙江特色小镇发展的经验,是放在第一位的。"特"是在浙江打造八大万亿产业规划之下,进行引导和市场需要而进行的。特色小镇发展七大产业:信息经济业、金融业、旅游业、健康产业、时尚产业、环保产业、高端制造业。它同时兼顾丝绸、茶叶、黄酒、青瓷、雕刻等历史经典产业。"特"就是要有特色,不能千镇一色。要有特定的产业、特定发展内涵、特殊的发展模式、特别的功能定位,不能一哄而上。地域文化相近而形成的产业相近的特色小镇,在规划建设和申报时也必须选择细分领域,错位发展,避免同质恶性竞争。"强"就是小镇产业要瞄准产业高端、科技尖端,同时通过高端带动相关传统产业发展。在产业经济发展引导导向下建设特色小镇,通过核心产业

---

① 《特色小镇:"小而美""特而强""聚而合""活而新"》,https://quote.gujianchina.cn/show-1830.html。
② 《关于规范推进特色小镇和特色小城镇建设的若干意见》,http://www.ndrc.gov.cn。

带动配套产业、交通、休闲、文化、旅游、餐饮等产业发展。这样特色小镇的"特"才能鹤立鸡群地显现出来。"特色小镇"的"特色"首先是"特色产业"。"特色产业"既是"特色强",又是"面向未来"。"特色小镇"是适应未来经济发展的新型产业生态平台和成长空间。这不仅是对浙江现有块状经济的优化和促进,也是促进高技术含量、高附加值、生态环境保护等新兴产业的增长。政府应该引导相关企业主动联结信息技术发展和产业发展变革,并创建一个新模式、新业态。

(二)功能"聚而合"

"聚而合"就是与产业发展相关的功能要集成,"产城人文"四大功能不可或缺,产业、旅游、社区、文化要融合发展,功能适度混合,优化整体空间布局。如生态旅游小镇,与之相配套的可以有医疗、酒店、文化、旅游、教育等相关产业及功能叠加,形成"1＋N"的发展模式。功能"聚而合"往往与产业"特而强"紧密相连。如宁波市江北膜幻动力小镇和智慧汽车小镇均是如此。宁波市江北膜幻动力小镇,以长阳科技、激智科技、惠之星等3家企业为龙头,集聚了三星、长阳、联东U谷、瑞源生物、激智科技等11家优势企业,形成两大产业集群。第一大产业集群是光学膜产业,就是所谓的"膜幻",主要是进口替代型产品。第二大产业集群是动力装备制造产业,就是所谓的"动力",主要研发生产包括智能电表、汽车无级变速箱等动力产品。同时建设了膜幻展厅、专家楼、商业餐饮、公寓式酒店等功能区块。宁波智慧汽车小镇依托智慧新能源汽车项目,汇聚新能源汽车整车生产基地、智慧电动车全球技术中心、新能源汽车零部件产业基地、宁波模具产业园等九大类,形成集汽车、电机、重点零部件研发、制造、旅游体验于一体的全产业链。同时建设工业参观走廊、汽车主题公园、科技文化中心、慢行系统等街区功能模块。宁波市的两个特色小镇走的都是"1＋N"的"聚而合"模式。

(三)形态"小而美"

"小"一方面是指规划区域小,一般规划区域在3平方千米左右,核心区域面积在1平方千米左右;另一方面是指区域文化集中和浓缩,古建筑、博物馆、体验馆、研究院等功能区域集中。"美"一方面是指区域景色之美,特色小镇要求创建3A级景区以上,有些特色小镇已经达到5A级景区标准并被授牌。例如,乌镇和千岛湖是5A级景区,文渊狮城是4A级景区,还有很多景区正在创建5A级景区,如东浦镇黄酒小镇、海曙月湖金汇小镇等。另一方面是指历史文化之美,小镇有历史文化、有故事内涵、有人文体验等。

(四) 机制"新而活"

在机制上协调好政府、市场、社会的关系,遵循"政府引导、企业主体、市场化运作"原则。不能由政府来包揽特色小镇建设,坚持以市场为导向,以企业为主体,按照市场化运作,由市场决定特色小镇创建的成败。在小镇投资、创新融资模式中,许多小镇采用PPP模式进行融资建设。在建设规划上体现地方特色、区域特色,不照搬照抄。很多地方创建特色小镇一哄而上,同质化严重,特别是以古建筑群为特色的文创旅游类小镇,雷同者多,贪大求大者多,投入大而游客少。中国有几十个基金小镇都以美国格林尼治对冲基金小镇为参照样板,创建结果令人担忧。建立优胜劣汰考核机制。浙江省对特色小镇进行年度考评估,分为优秀、良好、合格、不合格等次,不合格等次的小镇进行降级、警告甚至从创建名单中剔除。提升公共服务水平,助力特色小镇建设。浙江省开展"最多跑一次"改革,各地在特色小镇创建过程中组建专门团队负责建设和管理相关工作,从基础设施建设、企业入驻、人才引进、规划建设等方面提供全方位"店小二"服务。机制体制为特色小镇建设提供制度保障。

三、特色小镇创建彰显特色

特色小镇在区域经济发展中异军突起,集聚资金、土地、人才等要素,形成发展优势,必须要有特色和亮点,体现出有别于传统行政建制镇、工业园区的发展模式,彰显产业特色、人文特色、生态特色和功能特色。

(一) 产业特色鲜明

产业是特色小镇发展的核心动能。比如基金小镇要有集聚基金、金融产业的能力,互联网小镇要体现出在互联网技术与应用方面的优势,历史经典小镇要突出历史文化特色。这些小镇由于规划区域小,功能又齐全,很难再兼顾发展别的产业。创建特色小镇一般都有一定的产业基础、历史积淀,完全创新、无中生有的小镇一定是有强大的资金支持而且极大可能为新兴产业。特色小镇要有特色产业、核心产业做支撑,经过科学调研、选择、决策,再进行合理规划、培育、发展,形成产业集群,再产生产业辐射,最终创建产业品牌、小镇品牌。

(二) 生态特色优先

特色小镇建设要求生态优先,坚持生产必须与生态融合,不能破坏当地的地形地貌、生态环境,在保持原有风貌的基础上进行3A级景区以上的创建。比如乌镇互联网小镇建设,是在保留原有自然人文历史风貌的基础上,加入现代建筑和现代元素,打造具有时代特色的5A级景区。西湖龙坞茶镇以原有的茶园为主体,以老街、古街区、名人故居等为点缀,加之以现代的基础设施,形成了满足现代生活、生产需要的景区级特色小镇。

(三) 人文特色厚重

特色小镇必须拥有人文资源来展示其文化软实力。历史经典类小镇要保持自己的文化特色,不能被过度商业化。现在已经出现一些景区因过度商业化而名誉受损,如乔家大院被摘牌、少林寺被质疑等。特色小镇在发展中,要不断丰富文化内涵,提升特色小镇的美誉度和知名度。

(四) 功能特色集约

特色小镇未来发展的趋势之一是集约化,不仅是产业、人流、物流、信息流、数据流、资金流等集聚,而且是社区生活配套,如商场、学校、医院、社区活动中心等城市功能集约,特色小镇既是"小城市",又是"小乡村",满足生产、生活、生态需要。

第三节
特色小镇的制度供给

为了推进特色小镇建设,鼓励各地积极参与特色小镇创建,全国各地出台了很多鼓励、扶持、规范发展特色小镇的政策文件,既能推动特色小镇和特色小城镇的建设,还能避免在特色小镇建设中出现定位不明确、盲目发展等问题。政策文件的指导和规范为明确特色小镇建设方向,促进其有序发展提供了制度保障。

一、特色小镇发展的顶层设计

在特色小镇创建和建设中,政策引导发挥了稳定器、指挥棒的作用,在不同时期出台政策以对特色小镇建设进行指导探索、推广、纠偏和广泛发展。特色小镇发展目前已经经历了探索期、推广期、纠偏期、发展期。以2015年杭州西湖云栖小镇创建为标志,浙江省特色小镇建设进入探索阶段。浙江随后推出37个特色小镇创建名单。以住建部和国家发改委于2016年7月联合发布《关于开展特色小镇培育工作的通知》为标志,特色小镇建设进入推广期,提出到2020年要培育大约1000个特色小镇的目标要求。以住建部于2017年7月7日下发《住房城乡建设部关于保持和彰显特色小镇特色若干问题的通知》为标志,特色小镇建设进入纠偏期。纠正各地出现的理解偏差、定位不准、盲目发展、急于求成、政府包办等问题。以2018年3月9日国家发展改革委发布《关于实施2018年推进新型城镇化建设重点任务的通知》为标志,特色小镇进入平稳发展期。

（一）探索期政策

国务院于2016年2月2日发布《关于深入推进新型城镇化建设的若干意见》（国发〔2016〕8号），走新型城镇化之路，加快培育中小城市和特色小城镇，辐射带动新农村建设，加快推进新型城镇化综合改革试点，全面推动新型城镇化建设工作。[①]

（二）推广期政策

住房和城乡建设部于2016年7月1日发布《住房城乡建设部　国家发展改革委　财政部关于开展特色小镇培育工作的通知》，开展特色小镇和特色小城镇的培育和建设，到2020年时力争培育大约1000个特色鲜明、富有活力的特色小镇，建设成为具有休闲旅游业、商贸旅游业、现代制造业、教育科技业、传统文化、美丽宜居的特色小镇，引领带动全国小城镇建设。[②]

国家发展改革委于2016年10月8日发布《关于加快美丽特色小（城）镇建设的指导意见》，发展美丽特色小镇、特色小城镇，推进新时代新型城镇化，促进新时代供给侧结构性改革，提升发展动能，推动经济转型升级，促进城市、城镇之间的协调发展，通过城镇化辐射带动新农村建设。特色小镇建设中要坚持因地施策，坚持产业建镇，坚持市场主导，坚持突出特色，坚持绿色引领。[③]

国家发展改革委于2016年12月12日发布《关于实施"千企千镇工程"推进美丽特色小（城）镇建设的通知》，根据"政府引导、企业主体、市场化运作"创建新兴小城镇、新兴小镇，搭建小城镇、小镇镇域企业主体有效对接平台，引导社会资本参与特色小城镇、特色小镇建设，促进城镇与企业整合与发展。

[①]《关于深入推进新型城镇化建设的若干意见》（国发〔2016〕8号）。
[②]《关于加快美丽特色小（城）镇建设的指导意见》（建村〔2016〕147号）。
[③]《国家发展改革委关于加快美丽特色小（城）镇建设的指导意见》（发改规划〔2016〕2125号）。

（三）纠偏期政策

住房和城乡建设部于2017年7月7日下发《住房城乡建设部关于保持和彰显特色小镇特色若干问题的通知》（建村〔2017〕144号），提出在特色小镇培育建设过程中要坚持三不原则：尊重和保持小镇历史格局，不可贪新求洋盲目拆除老古建筑、老街区；保持小镇历史特色，坚持宜居原则，不可盲目兴建高层建筑，破坏整体风格；传承小镇传统历史文化，不可盲目照搬照抄异域文化。要坚持绿色发展。

国家发展改革委、国土资源部、环境保护部、住房和城乡建设部等四部委于2017年12月4日联合发文《关于规范推进特色小镇和特色小城镇建设的若干意见》，纠正对特色小镇概念不清、定位不准、盲目发展等问题，指出要准确把握特色小镇内涵，打造鲜明特色，有效推进生产、生态、生活三生融合。

（四）发展期政策

国家发展改革委于2018年3月9日发布《关于实施2018年推进新型城镇化建设重点任务的通知》，引导特色小镇、特色小城镇健康发展，对已经公布的两批403个特色小城镇和96个特色小镇开展定期测评和优胜劣汰。为继续纠正特色小镇综合试点中的偏差做法，建立特色小镇、特色小城镇优质发展的体制机制，2018年8月30日国家发展改革委办公厅发布《关于建立特色小镇和特色小城镇高质量发展机制的通知》。2018年9月26日，中共中央、国务院下发《乡村振兴战略规划（2018—2022年）》，提出要科学有序推动乡村产业、人才、文化、生态和组织振兴。

二、浙江省特色小镇建设的制度供给

浙江省是特色小镇建设的先行者，为促进特色小镇建设发展出台了一系列的政策，有规范指导性文件，有筛选遴选性文件，有要素支持保证小镇建设性文件，有鼓励奖励性文件，形成了特色小镇创建政策体系。

2015年4月22日《关于加快特色小镇规划建设的指导意见》（浙政发

〔2015〕8号）给特色小镇创建定了基调，指出特色小镇建设要坚持产业定位、规划引领、市场化运作，加强土地、财政等要素保障。

表1-1 浙江省特色小镇相关政策汇总表

序号	发布时间	文件名称	发布部门
1	2015年4月22日	《关于加快特色小镇规划建设的指导意见》（浙政发〔2015〕8号）	浙江省人民政府
2	2015年6月1日	《关于公布第一批省级特色小镇创建名单的通知》（浙特镇办〔2015〕2号）	浙江省特色小镇规划建设工作联席会议办公室
3	2015年6月29日	《关于推进电子商务特色小镇创建工作的通知》（浙电商办〔2015〕6号）	浙江省电子商务工作领导小组
4	2015年9月2日	《关于加快推进特色小镇建设规划工作的指导意见》（浙建规〔2015〕83号）	浙江省住房和城乡建设厅
5	2015年10月9日	《浙江省特色小镇创建导则》（浙特镇办〔2015〕9号）	浙江省特色小镇规划建设工作联席会议办公室
6	2015年10月15日	《关于金融支持浙江省特色小镇建设的指导意见》（杭银发〔2015〕207号）	中国人民银行杭州中心支行、浙江省特色小镇规划建设工作联席会议办公室
7	2015年12月28日	《浙江省特色小镇建成旅游景区的指导意见》（浙旅政法〔2015〕216号）	浙江省旅游局、浙江省发展和改革委员会
8	2016年3月16日	《关于高质量加快推进特色小镇建设的通知》（浙政办发〔2016〕30号）	浙江省人民政府办公厅
9	2016年10月10日	《浙江省人民政府关于加快特色小镇规划建设的指导意见》（浙政发〔2015〕8号）	浙江省人民政府

三、浙江省级特色小镇创建式推动发展

为推进特色小镇建设，浙江省创新制度安排，以自主申报、竞争性发展、以奖代补的制度安排，引导地方政府、企业和社会资本参与特色小镇创建。

（一）第一批省级特色小镇创建名单

2015年6月1日《关于公布第一批省级特色小镇创建名单的通知》(浙特镇办〔2015〕22号)公布第一批省级特色小镇创建名单,共37个小镇。①其中杭州9个,宁波3个,温州2个,湖州3个,嘉兴5个,绍兴2个,金华3个,衢州3个,台州3个,丽水4个。

（二）第二批省级特色小镇创建名单

2016年10月10日《关于公布省级特色小镇第二批创建名单和培育名单的通知》(浙特镇办〔2016〕2号)公布省级特色小镇第二批创建名单,共42个小镇。②其中杭州9个,宁波4个,温州3个,湖州3个,嘉兴4个,绍兴3个,金华3个,衢州2个,舟山3个,台州2个,丽水4个。

---

① 杭州市:上城玉皇山南基金小镇、江干丁兰智慧小镇、西湖云栖小镇、西湖龙坞茶镇、余杭梦想小镇、余杭艺尚小镇、富阳硅谷小镇、桐庐健康小镇、临安云制造小镇。宁波市:江北动力小镇、梅山海洋金融小镇、奉化滨海养生小镇。温州市:瓯海时尚智造小镇、苍南台商小镇。湖州市:湖州丝绸小镇、南浔善琏湖笔小镇、德清地理信息小镇。嘉兴市:南湖基金小镇、嘉善巧克力甜蜜小镇、海盐核电小镇、海宁皮革时尚小镇、桐乡毛衫时尚小镇。绍兴市:越城黄酒小镇、诸暨袜艺小镇。金华市:义乌丝路金融小镇、武义温泉小镇、磐安江南药镇。衢州市:龙游红木小镇、常山赏石小镇、开化根缘小镇。台州市:黄岩智能模具小镇、路桥沃尔沃小镇、仙居神仙氧吧小镇。丽水市:莲都古堰画乡小镇、龙泉青瓷小镇、青田石雕小镇、景宁畲乡小镇。

② 杭州:下城跨贸小镇、拱墅运河财富小镇、滨江物联网小镇、萧山信息港小镇、余杭梦栖小镇、桐庐智慧安防小镇、建德航空小镇、富阳药谷小镇、天子岭静脉小镇。宁波:鄞州四明金融小镇、余姚模客小镇、宁海智能汽车小镇、杭州湾新区滨海欢乐假期小镇。温州:瓯海生命健康小镇、文成森林氧吧小镇、平阳宠物小镇。湖州:吴兴美妆小镇、长兴新能源小镇、安吉天使小镇。嘉兴:秀洲光伏小镇、平湖九龙山航空运动小镇、桐乡乌镇互联网小镇、嘉兴马家浜健康食品小镇。绍兴:柯桥酷玩小镇、上虞e游小镇、新昌智能装备小镇。金华:东阳木雕小镇、永康赫灵方岩小镇、金华新能源汽车小镇。衢州:江山光谷小镇、衢州循环经济小镇。舟山:定海远洋渔业小镇、普陀沈家门渔港小镇、朱家尖禅意小镇。台州:温岭泵业智造小镇、天台天台山和合小镇。丽水:龙泉宝剑小镇、庆元香菇小镇、缙云机床小镇、松阳茶香小镇。省农发集团和上虞区:杭州湾花田小镇。中国美院、浙江音乐学院和西湖区:西湖艺创小镇。

（三）第三批省级特色小镇创建名单

2017年8月浙江省级特色小镇第三批创建名单公布，共35个小镇。^①其中杭州5个，宁波7个，温州2个，湖州2个，嘉兴4个，绍兴3个，金华2个，衢州2个，台州4个，丽水4个。

（四）第四批省级特色小镇创建名单

2018年9月浙江省级特色小镇第四批创建名单公布，共21个小镇。其中杭州6个，宁波4个，金华3个，温州、台州各2个，湖州、嘉兴、绍兴、衢州各1个。^②

（五）浙江省级特色小镇

从创建至2018年，已经命名浙江省省级特色小镇7个，按地区分，杭州有4个：上城玉皇山南基金小镇、西湖云栖小镇、余杭梦想小镇、余杭艺尚小镇；湖州有1个：德清地理信息小镇；嘉兴有1个：桐乡毛衫时尚小镇；绍兴有1个：诸暨袜艺小镇。按产业分为三类，数字经济（3个）：西湖云栖小镇、余杭梦想

---

① 杭州：上城南宋皇城小镇、淳安千岛湖乐水小镇、滨江互联网小镇、萧山湘湖金融小镇、杭州东部医药港小镇。宁波：镇海i设计小镇、慈溪小家电智造小镇、海曙月湖金汇小镇、江北前洋E商小镇、余姚智能光电小镇、宁波杭州湾汽车智创小镇、象山星光影视小镇。温州：乐清智能电气小镇、瑞安侨贸小镇。湖州：德清通航智造小镇、长兴县太湖演艺小镇。嘉兴：海宁阳光科技小镇、嘉善归谷智造小镇、秀洲智慧物流小镇、平湖国际邮购小镇。绍兴：诸暨环保小镇、嵊州越剧小镇、新昌万丰航空小镇。金华：浦江水晶小镇、义乌绿色的动力小镇。衢州：柯城杭埠低碳小镇、常山云耕小镇。台州：台州无人机航空小镇、玉环时尚家居小镇、椒江绿色药都小镇、临海国际医药小镇。丽水：丽水绿谷智慧小镇、云和木玩童话小镇、青田千峡小镇、遂昌汤显祖戏曲小镇。

② 杭州：拱墅智慧网谷小镇、西湖西溪谷互联网金融小镇、滨江智造供给小镇、萧山机器人小镇、余杭人工智能小镇、杭州大创小镇。宁波：鄞州现代电车小镇、余姚机器人智谷小镇、慈溪息壤小镇、宁海森林温泉小镇。温州：永嘉教玩具小镇、苍南印艺小镇。湖州：南浔智能电梯小镇。嘉兴：平湖光机电小镇。绍兴：诸暨珍珠小镇。金华：兰溪光膜小镇、东阳花园红木家居小镇、义乌光源科技小镇。衢州：衢州锂电材料小镇。台州：椒江智能马桶小镇、天台山和合小镇。

小镇、德清地理信息小镇;时尚(3个):余杭艺尚小镇、桐乡毛衫时尚小镇、诸暨袜艺小镇;金融(1个):上城玉皇山南基金小镇。

(六) 省级特色小镇创建考核

浙江省级特色小镇创建采取优胜劣汰的考核淘汰机制。2018年9月发布《关于2017年度省级特色小镇创建和培育对象考核情况的通报》,省级特色小镇创建对象考核结果为优秀的24个[1],良好的32个[2],合格的29个[3],警告的14个[4],降格的7个[5]。

---

[1] 优秀:西湖云栖小镇、余杭艺尚小镇、鄞州四明金融小镇、莲都古堰画乡古镇、龙游红木小镇、秀洲光伏小镇、德清地理信息小镇、滨江互联网小镇、西湖艺创小镇、杭州东部医药港小镇、嘉善巧克力甜蜜小镇、诸暨袜艺小镇、上虞e游小镇、磐安江南药镇、南湖基金小镇、萧山信息港小镇、新昌智能装备小镇、绍兴黄酒小镇、象山星光影视小镇、宁波杭州湾汽车智创小镇、南浔善琏湖笔小镇、嘉善归谷智造小镇、长兴新能源小镇、建德航空小镇。

[2] 良好:朱家尖禅意小镇、常山赏石小镇、椒江绿色药都小镇、桐乡毛衫时尚小镇、东阳木雕小镇、庆元香菇小镇、海宁阳光科技小镇、富阳硅谷小镇、淳安千岛湖乐水小镇、江北前洋E商小镇、开化根缘小镇、龙泉青瓷小镇、海盐核电小镇、仙居神仙氧吧小镇、富阳药谷小镇、诸暨环保小镇、金华新能源汽车小镇、普陀沈家门渔港小镇、宁海智能汽车小镇、海宁皮革时尚小镇、江北膜幻动力小镇、武义温泉小镇、余姚智能光电小镇、新昌万丰航空小镇、海曙月湖金汇小镇、黄岩智能模具小镇、镇海i设计小镇、下城跨贸小镇、湖州丝绸小镇、文成森林氧吧小镇、江干丁兰智慧小镇。

[3] 合格:临安云制造小镇等29个小镇。

[4] 警告:瓯海生命健康小镇等14个小镇。

[5] 降格:天子岭静脉小镇等7个小镇由省级特色小镇创建对象降格为省级特色小镇培育对象。

第四节
浙江特色小镇发展升级

特色小镇是具有时代性、相对性的,已经具有历史的时代烙印,体现时代的经济、产业发展水平。从区域经济发展规律的角度看,产业集聚形成产业集群,形成极化效应和扩散效应。从发达国家经济版图中也可以看出,有很多星星点点的特色小镇成为特色产业、区域经济发动机。有很多特色小镇也会因为经济结构的调整而进行转型升级,形成新的特色。

住建部原副部长仇保兴认为,改革开放之后,中国特色小镇大体经历了四个版本,即1.0版"小镇＋一村一品"、2.0版"小镇＋企业集群"、3.0版"小镇＋特色服务业"、4.0版"小镇＋新经济体"。[①]学术界对特色小镇发展阶段的分法有不同的观点,但是从产业发展的角度来看,这种分段法符合特色小镇产业为核心的本质特征。

一、特色小镇1.0——小镇＋一村一品

中国农村经历了长期的凋敝之后,急需找到一条脱贫致富的道路。农村联产承包责任制改革为农村发展带来了生机,改变了农村贫穷的面貌。但是同质化发展,不能给农民带来竞争优势和效益,大量青壮年农民在农闲时难有作为,成为过剩劳动力,而城市和工业经济尚未完全发展,无法提供足够的就业机会。因此,农村改革经历一段高速发展后,进入停滞增长阶段,农村落后的状况没有从根本上得到解决。经过农村经济发展改革,鼓励因地制宜发

---

① 仇保兴:《特色小镇的发展要有深度和广度》,《中国企业报》2017年2月28日。

展特色农业、加工业和工业,古朴的原生态农村开始发生变化,成为"一村一品"符号型新农村,逐步发展成为新型城镇雏形,形成特色小镇1.0版。

(一) 日本"一村一品运动"

日本的"一村一品运动"为中国农村建设带来了灵感。日本在"二战"后城市发展极快,吸引大量农村青年到城市谋生,造成农村经济逐渐萎缩,乡村经济停滞甚至衰退。为了改变农村落后面貌,发展农村经济,以吸引青年人回到农村发展,日本大分县知事松平守彦在1979年提出全县每个乡村都要发展自己的特色产品,这场运动式发展为大分县带来了经济活力,被称为"一村一品运动"。40多年来,大分县的特色产品从一种特色农产品、一首民歌、一个旅游点、一支舞蹈等,发展到炼油、化工、机械、电子、集成电路等产业,拥有东芝、佳能、富士通等知名企业,普通村庄也演变成知识密集、劳动密集、资本密集型的新型城镇。[①]

(二) 浙江"一村一品"特色发展

"一村一品"是以"村"为单位,或者在一定区域内,充分发挥本地人文、自然、历史资源等优势,通过专业化、特色化、规模化、品牌化、市场化和标准化建设,形成一个村(或地区)拥有区域品牌效应大、特色鲜明、市场潜力大、附加值高、效益高的特色产品或主导产业。

20世纪90年代,浙江省城市经济一片繁荣,农民洗脚上田,或经商办厂,或外出打工,或从事手工加工业。农村青壮年人口外流,农村经济增长速度达到峰值,逐渐进入平稳发展,与城市相比处于相对停滞发展阶段。为了发展农村经济,浙江省提出根据各地不同实际情况,进行分类指导,发展特色农业。

以浙江省台州市仙居县为例,政府鼓励农民因地制宜发展特色产品,100多个行政村形成了杨梅、香菇、银杏、板栗种植,仙居鸡养殖,水产养殖等专业村,走出了"一村一品"发展道路。八达农场、下回垟村、大路村在橘子园中养

---

① 王翊:《日本的"一村一品运动"》,《生产力研究》1986年第1期。

鸡,成为"柑橘专业村"和"仙居鸡专业村"。西炉村种植杨梅,成为"杨梅专业村"和种植基地,带动周边村种植杨梅,进入21世纪形成"仙居杨梅"品牌,成为仙居县主打特色产品。车头村七成农户从事番薯面加工,成为番薯面加工基地。[①]

浙江省舟山市发展海岛经济,利用本地资源优势,发展佛香柚、宫宝文旦种植。白泉镇和大丰镇形成佛香柚、宫宝文旦种植基地,白泉镇皋泄村成为文旦种植明星村,佛香柚、宫宝文旦种植成为海岛拳头产品。[②]

浙江省湖州市德清县形成农村经济格局"一村一品"。筏头乡发展毛竹产业和茶叶产业,出现很多毛竹和茶叶专业村。四联村成为茶叶加工专业村,烂树坑村成为饮料村,亩前村成为笋干村,光明村成为扫帚加工专业村,大造坞村成为瓶盖村。特色村不仅是特色农业村,也出现了特色加工业村和特色工业村。[③]

二、特色小镇2.0——小镇＋企业集群

浙江经济发展的特色之一是县域经济发达,县域经济发达的背后是发达的镇域经济、块状经济。镇域经济发达的地方都会有一个产业或者产业集群,这些产业参与国内产业链甚至国际产业链,改变了原来的农村、城镇的生态、生产、生活状态,形成特色小镇2.0版"小镇＋企业集群"。

中小企业集群是浙江省区域经济发达的一个显著特征。根据2001年的调查,浙江有85个县市区形成企业集群,有519个企业集群,年产值超过1亿元,有4348个贸易型小企业集群。温州市乐清市柳市镇于2002年被授予"中国电器之都"称号。柳市镇从1970年两位农民仿制"交流接触器动静触头"开始,发展家庭作坊式企业。1978年产生第一家低压电器门市部,此后"前店后厂"的门市部和家庭作坊结合的模式兴盛,至1981年有300多家。至2002年

---

① 余文洪、郑建为:《仙居大力发展"一村一品"特色农业》,《新农村》1996年第3期。
② 张信宝:《推广地方名柚 发展海岛经济》,《新农村》1996年第3期。
③ 黄鑫楣:《山乡春来早——德清县筏头乡新家庭计划活动见闻》,《学习与思考》1996年第2期。

全镇有1000多家企业,规模企业191家,其中5家大企业占产值的43%。[1]原来的农业乡镇成为工业企业小镇。

浙江省义乌市是工业企业集群的突出区域。义乌市被称为"建在市场上的城市",2005年前后,除有"中国义乌小商品市场"外,还有7个专业市场、37条专业街、众多专业村。专业街和专业村都是在原来的农村基础上发展而来,由农村发展成为城镇形态。大陈镇被称为"中国衬衫之乡",生产峰值时全国衬衫70%出自大陈镇和相邻的苏溪镇。这些专业村一直延续存在,如下朱村皮革专业村、下王村门业专业村,如兴中村饰品专业街、赵宅村年画专业街、长春社区汽车用品专业街,这几个村已经发展成为城市社区。

三、特色小镇3.0——小镇＋特色服务业

在中国工业化和城市化进程中,人民生活水平得到提高,人们追求更高的生活质量,新的经济形态下,乡镇、乡村社会发展和经济发展相协调,服务业发展和小镇发展相结合,形成了特色小镇3.0版"小镇＋特色服务业"。

改革开放以来,生产力水平提高,生产效率提高,工作时间减少,整个社会财富增加,人民生活从贫困到解决温饱,再到小康阶段,现在正在进入全面小康和富裕阶段,人民的精神消费内容、形式都在改变和升级,休闲旅游已成为共同需求,这些推动了文创旅游业的发展。从20世纪80年代末以来,城市化、工业化过程中,一些被保留下来的古建筑、古街区、历史遗存成为宝贵的旅游资源。特别是江南地区保存完整的明清建筑、古镇、遗存焕发出时代的新生,例如江苏省的碧玉周庄、富土同里、风情角直,位于浙江省的梦里西塘、水阁乌镇、富甲南浔等江南六大古镇建筑群成为热门景区。

仿古造景和文艺演出缔造新型小镇、城镇。如杭州宋城,除了仿古街区外,还开发了《宋城千古情》大型歌舞剧,景区和演出门票年收入十几亿元。东阳市横店影视城于1996年在荒山上建设《鸦片战争》电影拍摄基地广州街,

---

① 管福泉:《浙江中小企业集群竞争优势分析——以温州柳市镇低压电器企业集群为例》,浙江大学2014年硕士学位论文。

随后20多年兴建了香港街、秦王宫、明清宫苑等建筑,横店影视集团2015年全年营业收入达到580亿元。旅游休闲、历史文化、建筑遗存、健康养生等因素叠加,形成了一种新型的特色城镇。

特色农业基地的发展成为具有生态特色的城镇。宁波市奉化市滕头村从1993年开始成立环境资源保护委员会,摒弃污染企业,发展科技农业、生态农业、高效农业、立体农业,滕头村已成为全国环境教育基地,滕头生态旅游区已成为5A级生态旅游区。

四、特色小镇4.0——小镇＋新经济体

中国在2001年加入世界贸易组织后,中国经济以更快的速度融入世界经济体系,中国经济全球化程度不断深化,城市化进程加快,人均收入增加,中国即将进入中等发达国家行列。但是自2008年美国金融危机引起世界经济萧条之后,世界经济一直处于疲软状态,以美国为首的西方发达国家举起贸易保护主义大棒,通过制裁、征收高额关税以及所谓的知识产权保护等不公平手段压制中国,西方一些学者在质疑中国是否已经进入中等收入陷阱。而中国地域广阔,人口众多,市场广大,具有极强的经济韧性,自我调整、自我修复、自我发展能力相当强。经济从高速发展过渡到中高速发展阶段后,浙江率先创建特色小镇,以阿里巴巴为代表的新经济企业投入特色小镇建设,缔造了新的经济增长极,形成了"小镇＋新经济体"的特色小镇4.0版。

阿里巴巴公司打造的西湖云栖小镇成为"小镇＋新经济体"的代表。云栖小镇的前身是西湖区转塘科技经济园,2002年定位为发展传统产业,2005年改变为发展生物医药、能源、电子信息等产业,2012年再次改变,主导新兴产业"云产业",发展"智慧经济"。从传统的园区聚合产业,到引入阿里云建设融云产业、科技学院等研究机构、博物馆等文创旅游点、社区功能等为一体的创业创新平台。这既展现了经济发展的转型升级,也体现了城镇人文、生态的迭代发展。

第二章　数字经济特色小镇

　　数字经济是新经济发展主力,浙江省通过建设数字经济特色小镇,实现经济的跨越式发展,追赶甚至引领新技术革命浪潮,实现浙江经济对发达国家和地区经济发展的弯道超车。

　　2015年6月4日浙江省公布第一批37个省级特色小镇创建名单,2016年1月29日公布第二批42个省级特色小镇创建名单,2017年8月2日公布第三批35个省级特色小镇创建名单,2017年9月13日公布第四批21个省级特色小镇创建名单。从2015年至2018年底,确定浙江省省级特色小镇创建名单共四批115个特色小镇。[1]从产业类型来看,高端装备制造类有27个,旅游类有24个,数字经济类有19个,历史经典类13个,时尚类12个,金融类7个,健康类7个,环保类6个。

　　浙江省级特色小镇创建名单(2018)中按产业分数字经济类的有19个:下城跨贸小镇、江干丁兰智慧小镇、拱墅智慧网谷小镇、滨江物联网小镇、滨江互联网小镇、滨江智造供给小镇、萧山信息港小镇、余杭人工智能小镇、富阳硅谷小镇、杭州大创小镇、江北前洋E商小镇、镇海i设计小镇、慈溪息壤小镇、瑞安侨贸小镇、嘉善归谷智造小镇、平湖国际游购小镇、桐乡乌镇互联网小镇、上虞e游小镇、丽水绿谷智慧小镇。[2]

---

①《浙江公布第四批特色小镇创建名单》,http://tsxz.zjol.com.cn/ycnews。
②《2018浙江省级特色小镇最新名单公布》(名单详情按照产业与地区汇总),http://www.reportway.org/tesexiaozhengyanjiu/20861.html。

第一节
实现创业梦想——余杭梦想小镇

余杭梦想小镇于2015年3月28日正式启动建设,于2015年入选第一批37个省级特色小镇创建名单,也是杭州市重点建设的特色小镇之一。2017年8月,余杭梦想小镇和上城玉皇山南基金小镇成为浙江省首批通过验收,并正式获得"省级特色小镇"命名的特色小镇。余杭梦想小镇是浙江发展信息经济引领潮头之作,促进了信息技术产业和创业创新的发展。

一、余杭梦想小镇聚焦互联网创业创新

余杭梦想小镇位于杭州市余杭区未来科技城仓前区块,地处杭州市中心西侧,未来科技城位于杭州主城区西侧,紧邻杭州绕城高速,北面靠近杭长高速,南面靠近杭徽高速。仓前镇坐落在杭州市古运河畔,具有800多年的历史,境内河流纵横,被称为"江南粮仓、丝绸之府、鱼米之乡"。余杭梦想小镇项目位于杭州科创大走廊之未来科技城,是未来科技城重点建设区。梦想小镇项目规划范围东至绕城高速和杭州师范大学,西至东西大道,南至和睦路和余杭塘路,北至宣杭铁路。余杭梦想小镇为杭州城西科创大走廊"一带、三城、多镇"空间结构的重要节点。小镇项目东临绕城高速与西溪国家湿地公园,地铁5号线通过小镇,拉近余杭组团与杭州市中心区的时空距离。

余杭梦想小镇规划区域3平方千米,其中建设用地面积3062公顷,项目总投资40亿元。余杭梦想小镇的目标是打造"互联网+创业创新孵化基地"的梦想小镇。项目总体空间布局结构为"一轴一环三心"。"一环"是以农田村庄生态区形成的中心绿地环绕带,"一轴"为小镇创业创新中央文化轴,"三

心"是指寻梦古镇、思梦花园和筑梦工厂。寻梦古镇通过景观桥将中央水系景观带和古运河进行空间连接和文化连接,布置小镇商业街、博物馆、名人故居,同时混合居住办公功能。思梦花园建设湿地景观、水幕剧场、独栋花园办公、亲水广场、阳光草坪等项目。筑梦工厂是对水泥厂遗址进行保留性改造,建设梦想舞台、梦想大道、儿童乐园、文化展示中心、酒吧街、空气净化塔等项目。

余杭梦想小镇产业布局核心区域包括互联网村、天使村、创业集市和创业大街。该镇是互联网创业小镇,创建时的思路是"双镇联合"。互联网村就是互联网创业村,支持"泛大学生"群体创建电子商务、信息服务、网络安全、集成电路、软件设计、大数据、云计算、动漫设计等互联网相关领域产品研发、经营、生产、服务的企业。天使村培育和发展互联网金融、科技金融,集聚天使投资基金、财富管理机构、股权投资机构,构建金融服务体系。创业集市为临近河边的一排徽派建筑和仿古建筑,有章太炎故居、苕南书院、钱爱仁堂、重新设计的"四无粮仓"等,保留人文痕迹,营造人文气息。创业大街由仓前老街全新改造而成,全部采用古建筑修旧如旧的方式,打造互联网众创空间,侧重于智能硬件和软件、移动医疗等科技创新领域。互联网村、天使村和创业集市等三个区块建筑面积为17万平方米,创业大街建筑面积为4.3万平方米,于2016年10月建成投用。

余杭梦想小镇"非镇非区",以互联网创新创业为核心,定位为信息经济产业小镇,是浙江省特色小镇的典范,是"互联网+"时代创业浪潮的产物。

二、余杭梦想小镇集聚资源要素实现飞跃

余杭梦想小镇是在积极响应国家"大众创业、万众创新"和浙江省大力发展信息经济的条件下,依托杭州未来科技城,打造的互联网创业基地。余杭梦想小镇是在传统小镇的基础上叠加信息经济,直接从小镇1.0版提升为4.0版。

(一)坚持"政府主导、市场参与"的发展模式

余杭梦想小镇及其所属的杭州市、余杭区、未来科技城管委会等出台了

10余项鼓励科技创新、促进科技成果转移转化的支持政策,搭建知识产权管理服务平台,打造集创新链、产业链、资金链和服务链等于一体的"四链驱动"型科技创新大空间,取得了系列成效。

(二)具有良好的资源优势

余杭梦想小镇紧邻未来科技城,具有良好的人才资源、科教条件和产业优势。优势一是人才资源和科教条件。未来科技城是中组部、国资委确定的全国4个未来科技城之一,是第三批国家级海外高层次人才创新创业基地。杭州未来科技城毗邻杭州西溪国家湿地公园和浙江大学,是浙江省"十二五"期间重点打造的杭州城西科创产业集聚区的创新极核。优势二是产业优势。采用"有核心、无边界"的空间布局,积极培育以互联网产业为特色的新一代信息技术产业和以科技金融为重点的现代科技服务业。余杭梦想小镇项目临近阿里巴巴西溪园区和阿里巴巴集团的总部所在地,小镇能够享受阿里巴巴发展提供的商业机遇和氛围,承接科技巨头企业的溢出效应。

(三)集聚效应突出

小镇创建伊始,曾担心没有足够的项目入驻小镇,但由于紧邻阿里巴巴总部、杭州未来科技城、海创园、杭州师范大学、浙江理工大学等互联网企业、创新创业区、科研机构、高校,小镇在短短三年的时间内集聚了129000多名创业人才,形成了一支以"阿里巴巴系、浙江大学系、海归人才系、浙商人才系"为代表的创业"新四军"队伍。小镇引入1341个互联网创业项目,其中136个创业项目获得总额为94.25亿元的融资,3家企业挂牌新三板。背景36氪、上海苏河汇、深圳紫金港创客等知名孵化器入驻小镇,2家美国硅谷平台500Shartupshe Plug & Pay也来到小镇。小镇由创业者的"摇篮"发展成为创业者的"胜地"。

(四)构建了完善的创业生态

小镇将政策、创客、项目、资本等创业要素集聚在一起,为有梦想、有激情、有创意、有知识但是无经验、无资本、无市场、无支撑的年轻人创业提供必备要素和条件。小镇甘当"店小二",制定政策措施给创业者提供了大量的优惠,如补助办公场地租金、创业融资、云服务、中介服务,设立大学生创业贷款风险池,提供配套补贴贷款。小镇创建之初零门槛拥抱创业者,首批入驻项目可以免房租,免费享受阿里云服务;小微企业搬到梦想小镇,免公司三年房租。借鉴美国硅谷经验,小镇内创建了天使村。集聚了1170多家互联网金融、科技金融、天使投资基金、股权投资机构和财富管理机构,管理资本近3000亿元,为不同发展阶段的互联网企业提供专业的金融服务。

(五)形成了创业生态圈

小镇把高端要素集聚起来,以孵化器为平台,以优秀创业成功案例为标杆,推动从"点状发展"转向"辐射带动",构建"种子箱—孵化器—加速器—工业园区"产业配套发展辐射带,形成"滚动开发、产业延伸、辐射带动"良性循环,提升梦想小镇的带动力、辐射力、创新力,帮助更多有创业梦想的年轻人圆梦。

(六)实现了"产、城、人、文"的融合发展

梦想小镇运用了嵌入式开发的理念,保留了原来的自然风貌和古建筑,保留性开发了原来的粮仓成为众创空间,整合余杭塘河沿岸的自然景观和仓前镇的人文历史景观,对道路、水体、建筑进行综合规划,合理布局了产业、展

图2-1 余杭梦想小镇

览、文娱、商业、教育、医疗、交通配套等,成为众创空间的新样板,是信息经济的新增长点,是特色小镇"产、城、人、文融合发展"的新范式。

第二节
引领信息经济产业发展——西湖云栖小镇

西湖云栖小镇以阿里巴巴为龙头,集聚数字经济龙头企业,并建设高水平大学和研究院,引领信息经济发展。

西湖云栖小镇于2015年6月入选浙江省首批省级特色小镇创建名单,于2018年在余杭举行的全省特色小镇规划建设工作现场推进会上,被省政府正式命名为省级特色小镇。与西湖云栖小镇一起,余杭艺尚小镇、诸暨袜艺小镇、德清地理信息小镇、桐乡毛衫时尚小镇等五个小镇被命名为第二批省级特色小镇。

一、西湖云栖小镇构建数字经济创业创新典范[①]

西湖云栖小镇位于杭州市西湖区重点经济园区转塘科技经济园区,此区域是12个国家级旅游度假区之一——杭州之江国家旅游度假区。西湖云栖小镇是浙江省首批10个示范特色产业小镇创建镇之一。西湖云栖小镇东临钱塘江至四号浦,南接灵山景区至袁浦路,西靠西山国家森林公园至龙山工业安置区,北依五云山、云栖景区至绕城公路,四面环山、碧水中流,形似“硅谷”,是西湖区、之江国家旅游度假区重要的高科技产业平台。杭州市西湖区交通优势突出。小镇距离市区湖滨商圈约15千米,距上海180千米,距高速入口2千米,距高铁站22千米,距火车站16千米,距机场36千米。

西湖云栖小镇规划区域4.38平方千米,东西两侧用地范围可向外扩展至

---

① 根据杭州市城市规划设计研究院提供的《杭州市云栖小镇概念规划》材料整理。

9平方千米,投资规模50亿元。规划发展新兴信息产业,打造基于云计算大数据的特色小镇。

西湖云栖小镇发展定位为建设中国首个富有科技人文特色的云计算产业生态小镇。杭州市西湖区和阿里云以转塘科技经济园区为核心建成全国第一个云计算产业生态小镇——西湖云栖小镇,以云计算产业为核心,以相关产业链项目为载体,构建生产、生活、生态相融合的特色小镇,发展信息产业经济、智慧经济。

西湖云栖小镇规划发展目标是"前沿四地":把云栖小镇建设成为创业创新神圣之地,创新人才集聚的高地,科技传承、云计算大数据科学的发源地。整合创新、科技、人文和生态,构建云计算生态体系。引入产业链的发展模式,由"云服务区＋就业创业区＋就业创业服务区＋创业成功发展区",这四个区构成云计算生态体系和创业服务生态链,形成"易就业易创业的生态体系"。云服务区主要由阿里云提供各类软件服务和软件交易的市场平台(卖软件)、通用计算服务与计算能力交易的市场平台(卖计算)、各类大数据的云存储服务市场平台(卖存储)构成,就业创业区主要由众筹、众创、个人创客、自由职业者、新软件开发者构成,就业创业服务区主要由创业孵化器、培训机构、法律服务机构、金融服务机构、风险投资机构、信用中介机构、协助推广和销售的机构等构成,创业成功发展区主要由成功企业独立发展区、大数据服务行业、第三方信用评价、现代物流、互联网金融、电子商务等构成。

西湖云栖小镇有八个功能组团。该镇分为八个功能区,分别是创业孵化区、创业服务区、创业创新拓展区、云存储云计算产业区、成功发展区、工程师社区、国际化生活区、生活支持区。

二、西湖云栖小镇带动数字化产业指数级发展

西湖云栖小镇源于转塘科技经济园区,转塘科技经济园区与时代脉搏紧密相连,不断转型发展。园区于2002年8月经杭州市政府批复发展定位为传统工业园区。2005年之后,园区发生了转型和发展,主导产业转向发展生物医药、电子信息、机电一体化、新能源等产业。发展方向是发展高科技产业和

企业总部型产业,发展科技经济产业。2011年之后,园区再次转型,主导产业转向信息经济产业。2011年,园区成立浙江省首个云计算产业园,2013年携手阿里云打造阿里云创业创新基地,2015年启动西湖云栖小镇建设,转塘科技经济园实施转型升级、腾笼换鸟,至2018年底打造了100多万平方米的楼宇用于基于云计算大数据产业发展。

西湖云栖小镇涉云企业形成集群。至2016年,小镇已经引进了433家企业,包括领先全球的云计算及人工智能科技公司阿里云,全球最大的半导体公司Intel,通信系巨企富士康科技,航空系国企中航工业,信息服务类企业华通云数据、数梦工场、银杏谷资本、洛可可设计集团等知名企业,涉云企业有321家,至2018年涉云企业达到788家,聚集顶尖云计算大数据人才1万多名,形成了云企业产业集群。

西湖云栖小镇为园区企业提供技术服务。园区和阿里云合作建立云栖学院,为园区企业提供云计算技术学习交流和培训。组织阿里云、银杏谷、富士康等龙头企业搭建创新平台,如创新牧场、淘富成真等平台,扶持中小微企业利用平台发展项目。

西湖云栖小镇率先实现数字化应用。云栖小镇进行数字化改造,打造数字化社区。其率先成为"数字技术实验区、数字魅力体验区、数字成果展示区",打通小镇与市、区各部门审批管理的数据,以数字化、标准化、流程化逐步实现小镇管理服务的"最多跑一次",在小镇各个要素上实现终端设施、终端服务、全域精细化管理的全覆盖,构建小镇层面的城市大脑体系,成为杭州城市大脑的实验平台。目前小镇已经打造了一个50平方米的无人超市,建了一个小镇实时播放产业经济、综合管理、综合交通、环境保护、能源能耗指标的动态大屏幕,改造200个智能窨井盖,更换50个智能垃圾桶,建了1500个智能停车位,22个停车场6459个停车位全部接入城市大脑。

三、西湖云栖小镇整合要素资源推进转型发展

西湖云栖小镇能够在短时期内取得成功,源于整合优势资源,形成了良好的发展路径。

（一）科学的建设模式

西湖云栖小镇在规划和建设小镇方面坚持"政府主导、名企引导、创业者为主体"的模式。政府始终总揽全局,在引进企业方面,按照发展智慧经济的要求对入驻企业进行筛选,坚定地实施腾笼换鸟政策,决定从传统工业产业到科技产业再到智慧产业、信息产业的三级跳。名企引导是和阿里云合作共同建设小镇,以阿里云为引领,集聚一大批云计算大数据相关产业企业。创业者为主体就是为创业者提供优惠的政策和环境,鼓励创业创新,增加小镇的活力和持续发展能力。

（二）名企引领和领军人物引领

阿里云入驻小镇和阿里巴巴首席技术官、阿里云创始人王坚博士致力于打造云栖小镇是小镇突出和保持智慧产业特色的重要因素。阿里云的强势入驻吸引了云计算大数据相关企业和产业链企业扎堆入驻,集聚了一大批云计算、大数据、App开发、互联网金融、移动互联网、游戏和智能硬件领域的企业和团队,构建了小镇"云生态",形成良性循环。

（三）选择了新兴产业

信息经济产业是新的经济发展趋势,以互联网、云计算、物联网为内容的信息技术革命可能是新一次工业革命的标志,杭州市是互联网企业、互联网生态的领军城市,阿里巴巴集团总部设在杭州,同时杭州市有几十家互联网独角兽企业,已经形成了信息技术产业高地。西湖云栖小镇坚持发展以云计算为代表的信息经济产业,产业覆盖大数据、云计算、移动互联网等各个领域,发展智能硬件产业,初步形成了云计算产业生态。小镇选择信息经济产业就是选择了未来。

（四）打造了创新生态圈

西湖云栖小镇构建了"创新牧场—产业黑土—科技蓝天"创新生态圈。西湖云栖小镇形成四大产业生态系统,包括阿里云产业、卫星云产业、物联网芯片产业、智能硬件创新。西湖云栖小镇引进阿里云5000多名工程师入驻，引进新华智云和政采云等400余家企业，引进中科院微小卫星创新研究院等团队和研究中心，引进北京大学数字视频解码国家工程实验室云栖中心、阿里云团队、富士康团队、台湾联发科技团队等，引进智能硬件研发企业近100家，引进各类人才5000多名，成立了西湖大学。小镇提供人才、科研、制造等创新元素，形成完整的创新生态系统。

（五）优惠的政策扶持

除了国家、省市发展特色小镇相关优惠政策外，园区内还出台了三年免租的政策，园区内有三分之一的创业团队享受到了这一优惠。同时给予园区内租用阿里云服务的涉云企业资金补助，每年支付100万元阿里云服务费用的企业可以得到最高每年29万元的资金补助。优惠政策为小企业和初创企业生长提供了决定性的支持。

（六）打造三生融合社区

小镇按照特色小镇要把产业、文化、旅游、社区功能融为一体和生产、生活、生态融合发展的要求，坚持以产业发展为核心，以生活社区为配套，坚持"绿水青山就是金山银山"的理念，保护生态，打造创业创新、宜居易游的特色小镇。

图2-2　西湖云栖小镇鸟瞰图

第三节
地理信息产业的翘楚——德清地理信息小镇

卫星遥感、天气水文测报、导航、无人驾驶……这些都是地理信息产业覆盖的内容，地理信息产业是未来产业的一片巨大蓝海，德清抓住了地理信息经济的发展机遇。

德清地理信息小镇在2018年被省政府正式命名为第二批省级特色小镇，是目前七大"省级特色小镇"之一。2018年5月入选中国最美特色小镇50强。

一、德清地理信息小镇聚焦发展地理信息经济

德清县位于浙江省北部的杭嘉湖平原，东望上海，西枕天目山，南靠杭州，北邻太湖，风景秀丽，历史悠久。境内拥有避暑胜地莫干山、江南最大湿地下渚湖、千年古镇新市镇，2012年德清莫干山被《纽约时报》评为"全球最值得一去的地方"第18名。德清县属于经济强县，先后12次入选全国百强县市。

德清地理信息小镇位于德清县中心城区南部德清科技新城。总规划区域3.68平方千米，核心区规划建设面积1.31平方千米。该镇距县城约2千米，距湖州市区约40千米，距杭州约30千米，距上海约160千米。小镇交通便利，距高速入口4千米，距火车站8千米，距高铁站约40千米，距机场约50千米，属于杭州"一小时经济圈"。

德清地理信息小镇发展目标：按照"生产、城市、人居、文化"融合发展的要求，坚持以地理信息产业作为德清地理信息小镇产业核心，积极引进项目，完善基础设施，提供一流商务配套，充分集聚高端人才，营造优越生态环境，建设绿色休闲宜居环境，把小镇打造成为产业特征鲜明、科技特色凸显的标

杆性小镇。①

德清地理信息小镇产业发展定位为"五区"。建成地理信息产业五区：产业集聚发展示范区、科技创新先锋区、服务体验区、文化展示区和三宜新区（宜居宜业宜游）。

产业集聚发展示范区：构建完整地理信息产业链，促进装备制造、芯片研发、软件研制、信息服务等跨界融合发展，积极引进产业相关性强、科技辐射力强、发展动力强劲的大型"地理信息＋"项目，把地理信息产业发展成为强势产业，把小镇建设成为全国一流的地理信息产业园区。科技创新先行区：利用国家高新区的产业科技核心作用，建成科技创新型企业集聚地，与中国科学院、武汉大学、浙江大学等知名院校、研究机构合作，集聚地理信息创新要素，建设科技创新平台，建设新型孵化中心，成为"高新区"，成为杭州科技创新创业示范区的核心区。服务体验：利用地理信息技术，依托北斗导航定位系统，建设地理信息技术和文化体验中心，体验生态环境、智慧生活、文化创意。文化展示区：打造地理信息科技展示中心和测绘科技展示中心，展示最新的地理信息技术、产品和服务，传播测绘和地理信息科技知识，建立生动的地理信息科技文化科普教育基地。三宜新区（宜居宜业宜游新城区）：坚持"绿色、低碳、品质"要求，促进产城人文融合发展，实现城市、生态、产业、生活一体化。打造城市智能化、生活智能化的特色智能小镇。②

二、德清地理信息小镇掌握了地理信息产业发展要素优势

（一）进入了产业蓝海

全球地理信息产业链长，市场前景广阔，涉及地理信息、卫星导航、人工智能、大数据、位置服务等技术，也涉及自然灾害、气候变化、生态环境等监测

---

① 《宜居宜业宜游——德清地理信息小镇》，http://topics.gmw.cn/2016-02/24/content_19023897.htm。
② 《德清地理信息小镇案例分析》，https://www.sohu.com/a/215586937_114835。

服务,地理信息技术和服务已经成为新的经济增长点。我国地理信息产业已经连续10多年以超过20%的速度增长,产业从业单位近10万家,产值超6000亿元。

(二)成为地理信息行业的高地

2010年,国家在全国范围内布局地理信息产业"一主十副"园区,浙江省也在积极争取拿下一席,德清县经过多次对接,于2012年拿下项目——浙江省"地理信息产业园",产业园坐落于德清科技新城。德清科技新城定位为科创研发、信息技术产业和总部经济集聚,与"地理信息产业园"产业相搭。2015年,德清地理信息小镇入围首批省级特色小镇创建名单。至2018年,德清地理信息小镇迅速集聚起超图软件、千寻位置、长光卫星、中科卫星、联通云数据、浙江省国土勘测规划、浙江合信地理信息技术、浙江中睿物联网、浙江正元地理信息、浙江海恩德专用车科技、浙江中海达空间信息技术、浙江恒翔信息科技、浙江中测新图地理信息等280多家地理信息相关企业,因为龙头企业的入驻,使小镇迅速成为行业高地。德清地理信息小镇抓住机会实现了从"零"到"高地"的嬗变。

(三)形成了完整的产业生态链

小镇制订和实施发展计划。地理信息企业培大育强三年计划,引进和培育了一批"金信""银信""亿千""双五"地理信息龙头企业,形成并壮大一条集成地理信息获取、处理、应用、服务的完整产业生态链。建设产业发展中心、科技创新中心、国家交流中心、培训体验中心、时空数据中心,初步形成涵盖数据获取、处理、应用、服务等完整产业链。小镇集聚高端资源,建设硬件共享中心和数据处理算力共享中心,每年为园区企业创收超过5亿元,降低成本2亿元,小镇企业还可以免费使用"德清一号"高清数据,成为企业创收和降低成本的至宝。小镇形成了"互联网+物联网+地理测绘+数据建模+卫星遥感"的生态圈,逐步成为世界领先的地理信息产业基地。

（四）研发能力成为小镇成长的核心能力

中国科学院微波特性测量实验室、浙江大学遥感与GIS研究中心、武汉大学技术转移中心、中欧感知城市创新实验室等科技创新载体也纷纷入驻。小镇拥有合信地理点云数据处理省级高新技术企业研究开发中心、正元地理信息技术省级高新技术企业研究开发中心、中海达智慧城市GIS省级高新技术企业研究开发中心等省级高新技术企业研究开发中心，有合信地理倾斜摄影应用与不动产登记应用市级高新技术企业研究开发中心、正元地理信息技术市级高新技术企业研究开发中心等市级高新技术企业研究开发中心。中科卫星应用德清研究院、千寻位置网络（浙江）有限公司、浙江中测新图地理信息科技有限公司等企业引进了大批高科技人才。中科卫星应用德清研究院等近20家顶尖产业研究院，成为创新的策源地。引进海内外院士10名，国千、省千人才23名，创业团队85支，集聚了3000多名高层次和应用型人才，提升了地理信息小镇的核心竞争力。

（五）通过热点事件打造了良好的知名度和美誉度

2012年中测新图测绘通过无人机从温州起飞，飞行时长3小时，绕钓鱼岛测绘2小时后耗时3小时飞回，为国家地理相关部门提供钓鱼岛及其附属岛屿专题地图，成为热点事件。酒泉卫星发射中心于2018年1月19日发射了搭载"德清一号"卫星的火箭，"德清一号"在535千米的轨道高度仍然对地面物体有高清晰的辨析度。2018年11月，第一届联合国世界地理信息大会在德清地理信息小镇举行。小镇企业扛起了超级工程港珠澳大桥长达5.6千米的"世界最长"的海底隧道的详细勘测工程。德清地理信息小镇的超高知名度和美誉度增加了小镇产业、人才、科技的集聚效应。

（六）建成了"产、城、人、文"有机融合的创业创新小镇

2011年开始，小镇布局建设了国际会议中心、德清大剧院等新地标建筑，建设了50多幢产业大楼以及2000多套人才公寓，还建设了生活社区配套的市民广场、高端酒店、咖啡馆、学校、医院、配套建设休闲娱乐和购物餐饮综合

体等基础设施。地理信息科技馆被认定为省级科普教育基地,且被评为国家4A级景区,免费对外开放。小镇引入信息化改造,建设智慧城市、智慧交通、智慧旅游、智慧医疗,建设数字化社区。

(七) 有完善的政策支持

浙江省出台了促进和推进地理信息产业发展的相关文件,也出台了促进地理信息产业园及企业发展的文件。德清县出台了促进地理信息产业发展的政策、提供专项产业扶持资金以及招才引智计划等政策。[①]多层级的政策支持和扶持,鼓励和引导了地理信息及相关企业向德清集聚,帮助了企业创新和成长,也逐渐增强了小镇自身的"造血功能"。

(八) 经济效益稳定

小镇企业营业收入和税收逐年增加,连续五年翻倍增长(见表2-1),表明小镇已经进入良性发展模式。

表2-1 近年来德清地理信息小镇企业营业收入和税收情况

	2012年	2013年	2014年	2015年	2016年	2017年	2018年
产值(亿元)	0.67	11.38	14.54	15	35	65.8	102
税收(亿元)	0.03	0.2	0.5	1.03	2.49	4.63	8

---

① 浙江省发布了《关于促进地理信息产业加快发展的意见》和《关于进一步推进地理信息产业发展的实施意见》等文件,浙江省测绘与地理信息局出台了《关于支持浙江省地理信息产业园企业发展的若干意见》,德清县出台了《地理信息产业发展若干政策意见》《扶持地理信息产业专项资金管理办法》《地理信息企业培大育强三年行动计划》《关于进一步加大高层次人才引进培育力度的实施意见》等文件,德清地理信息小镇出台了《扶持地理信息产业专项资金管理办法》《英溪人才计划实施意见》等文件。

第四节

聚焦互联网产业——滨江互联网小镇

滨江互联网小镇、上虞 e 游小镇、萧山信息港小镇、嘉善归谷智造小镇四个数字经济类特色小镇在 2017 年度省级特色小镇创建和培育对象考核中被评为优秀。

滨江互联网小镇是 2017 年 8 月 2 日被列为第三批浙江省级特色小镇 35 个创建小镇之一，位于杭州市高新（滨江）中国互联网经济产业园核心区。小镇于 2018 年实现产值"千亿级小镇"的目标，完成税收超 100 亿元，获得杭州市优秀特色小镇称号。

一、滨江互联网小镇集备互联网产业特色[①]

（一）体现"互联网＋"特色

滨江互联网小镇位于杭州市滨江区的杭州市高新（滨江）中国互联网经济产业园，东西南北的道路分别是江晖路、建业路、滨康路、江南大道，规划区域约为 3.91 平方千米，核心区规划区域约为 1.51 平方千米。互联网小镇规划为"一轴、双核、两带、三区"，呈"凸"字形。"一轴"是指产城融合轴；"双核"是指创新引领核心和创业服务核心；"两带"是指城市形象带和产业集聚带；"三区"是指互联网产业核心区、互联网产业支撑区、综合服务区。互联网小镇建

---

① 《杭州互联网小镇将打造成为千亿级数字经济小镇》，http://zjnews.china.com.cn/yu-anchuan/2019-04-25/172168.html。

设目标是建设一个突出科技和人文竞争力的全国乃至全球领先的"互联网+"创业创新高地、互联网平台技术研发高地和互联网平台经济集聚高地。

（二）形成了完整的互联网应用产业链

小镇依托位于杭州市高新（滨江）中国互联网经济产业园的区域优势，引进互联网领军企业。小镇集聚了华为杭州研发中心、阿里巴巴、网易、新华三集团等互联网和信息技术企业。小镇还引入了创业软件、连连科技、恒生电子等细分领域的龙头企业，网盛集团、联吉技术、长川科技、施强科技、维尔科技等信息科技企业也在小镇建设运营。一大批产业项目促进了小镇的发展，阿里巴巴一期、二期，网易一期、二期，大华一、二、三、四期，搜房网等产业项目落户小镇，形成科技园19个，互联网应用产业链的基础比较牢固，形成了集聚优势。

（三）集聚了精英人才与高新技术企业

与北京航空航天大学合作建设北航杭州创新研究院和研究生院，开展量子信息、人工智能、仪器光电、微电子与信息材料等方面的研究。引进"千人计划专家"国家级16名、省级21名。112家国际高新技术企业、95家省级科技型中小企业和170家互联网科技企业集聚小镇。共有上市企业10家和"新三板"挂牌企业6家，形成了互联网企业集群。有3家互联网企业入选2019年首批浙江数字经济优秀案例。互联网小镇2018年实现总收入1306亿元，税收111亿元。

（四）拥有强大的企业孵化器

该镇拥有2个国家级孵化器，2个省级孵化器，7个市级孵化器和35个省级研发中心。和瑞科技园累计孵化300多家公司，被评为国家级孵化器，成为典范。

（五）缔造了互联网人文生态景观

小镇根据创业创新人才的社会需求和时代人文特征，打造3A级自然景观、社区文化部落、社会生活空间。首先是打造3A级自然景观带。浙江省要求特色小镇的创建,需要打造出3A级以上的自然景观。小镇根据所在区域的自然地理特点进行规划,建成了3800平方米的景观带,呈现了"河＋塘＋公园"一体花园特色。景观带建设中融入大量互联网科技元素,景观带把知名企业、园区、展厅串联在一起,形成景观绿道与科技的双重体验。其次是丰富小镇社区文化生活,形成社区文化部落。以小镇文化馆为核心,引导企业建设文化分馆,举办音乐会、各类展览,丰富小镇文化生活和培植小镇互联网文化。还有布局"商业＋学校"生活空间配套。布局聚才大厦、中赢云际、恒鑫倬越大厦、龙湖天街酒店等四个商业项目,满足吃、住、购物、娱乐等方面的需要。为了让人才安心在小镇创业,引入硅谷蒙学园这一个高端幼教品牌机构,和公立学校形成合理搭配。

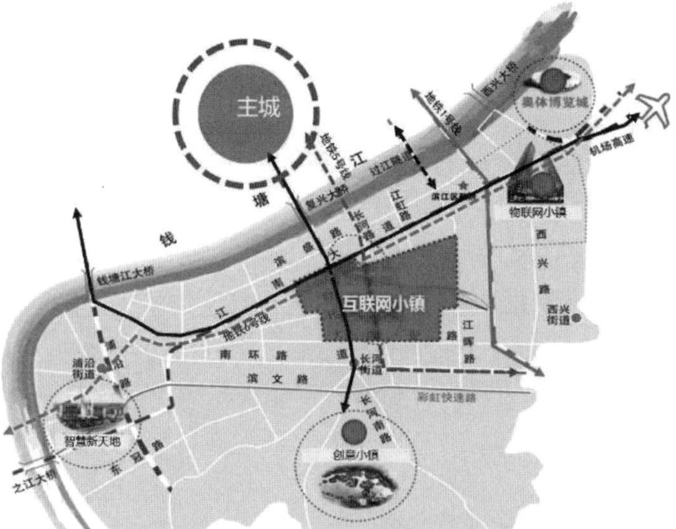

图2-3 滨江互联网小镇交通位置图

二、滨江互联网小镇发展的要素优势

滨江互联网小镇于2006年启动规划建设,紧扣创业创新的时代发展趋势,按照"双核引领、三区联动"的规划思路进行合理布局。

（一）产业定位高端

滨江互联网小镇定位于成为全球"互联网＋"创新创业高地、互联网技术研发高地及互联网平台经济集聚高地。围绕这一定位，引入的企业是互联网领域的龙头企业，阿里巴巴、华为、新华三等企业成为小镇的标杆企业。还有像杭州市公共交通云科技股份有限公司这样的隐形冠军企业，这些企业的入驻吸引了大批科技创新型企业。

（二）体现"互联网"特色

互联网小镇引进互联网企业与互联网产业链企业，围绕互联网引入科研机构和研发中心，引入企业孵化器也瞄准孵化互联网企业，专注于互联网创新和创业、互联网技术研发、互联网平台建设，围绕互联网做好文章，体现行业特色，以产业为核心和中心，而并非打着互联网的旗号搞圈地和旅游。从云计算、大数据、移动互联网、软件研发和信息服务等方面开发互联网技术，到电子商务、互联网金融、互联网医疗、互联网教育、互联网文化等方面的应用业务，形成了完整的互联网产业链和生态系统。

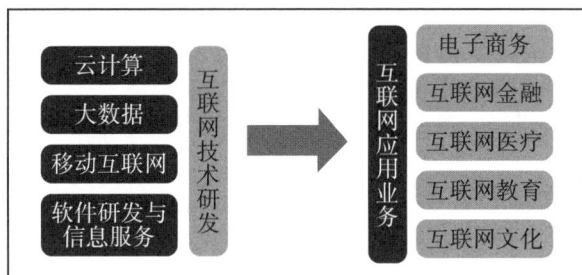

图2-4 互联网产业链和生态系统

（三）实施"互联网＋"扩展

小镇在生活娱乐、学教、环境等方面把互联网融入其中，处处体现互联网的痕迹和踪影。小镇的空间布局、景观设计、酒店物业、购物中心、学校等都融入互联网的元素，互联网的氛围非常浓厚，进入小镇就可以感受到互联网的气息。

第五节
打造网游产业高地——上虞e游小镇

网游伴随年轻一代和未来孩子的发展,网游产业也发展壮大,是信息经济产业的重要部分。上虞e游小镇位于绍兴市上虞区滨江新城,小镇于2015年9月开始规划创建,主要聚焦电竞、动漫、游戏、影视等泛娱乐信息经济产业,2016年1月入选浙江省级特色小镇第二批创建名单,2017年度考核中被评为优秀。

一、上虞e游小镇进入网游市场

绍兴市上虞区位于杭州一小时交通圈,上海一个半小时交通圈,上虞e游小镇位于上虞区,具有良好的区域优势。上虞区滨江新城临浙江省八大水系之一的曹娥江,杭甬运河穿境而过,依江傍水,是国家园林城市,具有良好的生态环境。

上虞e游小镇的规划和定位是打造一个以游戏为特色的信息经济集聚区。上虞e游小镇的"e"就是电子的简称,代表信息化、信息经济、信息产业,凸显出信息经济主题。"游"就是以游戏为核心的数字产业。该镇的目标是成为领先的网络游戏之都,长三角数字内容创意产业中心,浙江省互联网应用示范镇,浙江省乃至全国的汇聚创新、引领游戏产业发展的繁华e芯和网络游戏爱好者的活力天堂。

上虞e游小镇的规划区域为2.8平方千米,核心区块约1平方千米。东起鸿雁路,西至杭甬运河,南起五星路,北至滨江路,成为滨江新城核心区的重要组成部分,成为生态宜居的滨江住区。[1]

上虞e游小镇功能布局为"一轴三心四区"。"一轴"为串联功能区的复兴路轴线,"三心"为轴线上的小镇客厅、互联网创新中心、文化竞技中心,"四区"是游戏综合体验区、互联网创意产业区、生活配套服务区、文化艺术展示区的四大功能区。实际上,沿曹娥江建设滨水景观带,沿江纵向展开的游戏体验区、活力生活区、文化展示区、创新研发区的四条功能轴带成为e游小镇的"四脉"。e游小镇功能布局完美地体现了"区域联动、中心构建、轴带连接、水绿渗透"的规划思路。[2]

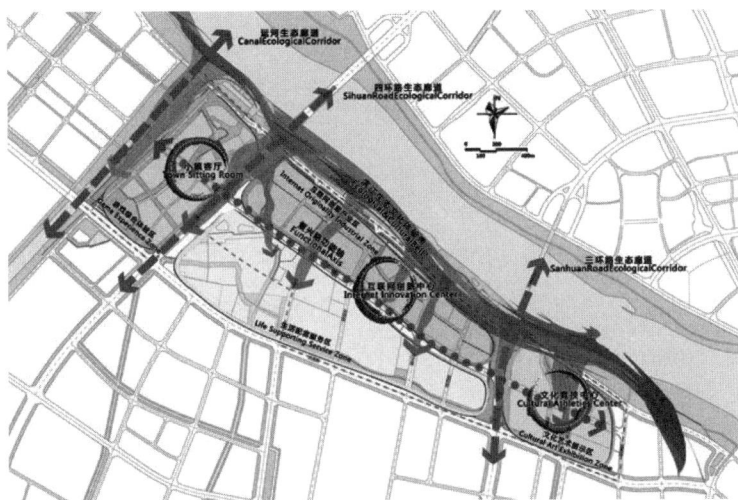

图2-5 上虞e游小镇规划图

上虞e游小镇打造"龙头企业＋创新中心"的模式,由龙头企业吸引、集聚游戏产业集群。上市公司世纪华通公司收购了七酷网络、天游软件、盛大游戏、中手游、点点开曼等公司的股权,浙江金科公司收购杭州哲信移动游戏公司,浙江金盾、卧龙地产等企业也纷纷进入游戏信息产业。e游小镇建设平台型企业和创新工场。例如余坤"互联网＋"创新中心、浙江大学网新e游科创

---

①《互联网城镇化新路:浙江上虞特色e游小镇获青睐》,http://news.163.com/16/0812/20/BUA0HH3K00014PRF.html。

②《上虞区滨江新城单元ZX09(e游小镇)控制性详细规划批后公告》,http://www.shangyu.gov.cn/art/2018/3/6/art_1313760_15712614.html。

中心、惠普网络游戏广场、滨江众创新天地,这些孵化器已经取得初步成功,成为全国顶尖的网络游戏专业平台。e游小镇打造网络游戏产业生态链。建设展馆,举办展览,开展体验项目,增加网络游戏产业的社会影响力。建立企业展厅、线下活动主题会展体验区、VR体验区。开展游戏主题活动和Cosplay嘉年华活动,邀请全国知名游戏玩家和竞技团队,定期、不定期举行游戏高峰论坛和行业论坛,开展线下电子竞技活动。规划MOBA主题公园,布局游戏动漫创意部落,建设运河文化公园等,形成极客发烧之旅、文化体验之旅、都市休闲之旅三大旅游线路。

二、上虞e游小镇建设的发展要素分析

(一)抓住信息经济时代的机遇

网络游戏已经成为生活的重要组成部门,甚至成为生活不可或缺的一部分,网络游戏信息产业绝对是朝阳产业,地方政府抢先布局、抓住机遇抢占先机。e游小镇管委会紧紧抓住机遇进行招商引资和环境优化,把e游小镇建设成为一个平台,并于2017年成功举办活动10多场,"中国游戏产业发展研讨会暨金手指颁奖典礼"给小镇增加了人气,提高了声誉。国内游戏界大鳄、大项目相继落户上虞e游小镇,例如盛大游戏、南湾科技和宇石网络科技有限公司等,表明e游小镇逐步显现出平台优势和投资的磁场效应。①

(二)借助上虞文化的经济优势

上虞是历史名城。历史上,有舜会百官、东山雅聚、春晖集贤等三次名人会聚,近代以来涌现了众多名人,如竺可桢、何振梁、经叔平、谢晋、徐光宪等。这些文化资源都成为小镇建设的重要资源。上虞经济开发区是省级重点经济技术开发区,上虞经济开发区经济总量超过1000亿元,是e游小镇建设的经济基石。上虞区境内10000多家工业企业,13家上市公司,经济实力雄厚,

---

① 《上虞e游小镇加速崛起》,http://wemedia.ifeng.com/25207875/wemedia.shtml。

企业众多,为小镇的生存提供了肥沃的土壤和广阔的生存空间。

(三) 上虞区经济转型的有益尝试

上虞经济开发区形成三大高科技产业:机电一体化产业、环保节能产业、纺织产业。引进和培育高科技产业:电子信息产业、生物医药产业、新材料产业、机电一体化项目。上虞区有很多行业龙头企业,例如浙江卧龙集团(中国最大的微分电机生产基地)、浙江阳光集团(亚洲最大的节能灯生产出口企业)、浙江华通模塑科技有限公司(中国最大的汽车水室生产企业)、浙江联丰集团(中国最大的冷却塔生产基地)等。这些企业正在走转型升级之路,通过核心技术创新提升企业生存能力和市场占有率,技术和专利储备多,具有很强的市场竞争力。但是作为一般的工业企业,特别是小微企业,需要紧跟现代科技的步伐,进行转型和提升。上虞e游小镇是政府倡导性建设的一个平台,引入一些新兴产业企业,树立一个标杆和方向,推动工业企业社会性的整体转型升级。

(四) 政府为上虞e游小镇提供政策、服务和基础设施

政府为e游小镇建设做好规划、征地拆迁、三通一平、基础设施建设,出台《关于加快上虞e游小镇培育建设的若干政策意见》,给出了政策意见17条,从扶持资金到扶持政策两个方面实施精准培育。推进网速提升工程,实现百兆到桌面,确保千兆进楼宇,推进万兆进小镇,实现WiFi全覆盖e游小镇。政策和基础设施的支持、服务,保证了小镇建设的顺利进行。

智慧产业发展的风向标——萧山信息港小镇

智慧城市、智能家居、智慧生活背后的智慧、智能产业是未来经济发展的主导方向之一。萧山信息港小镇位于杭州市萧山区,在国家级经济技术开发区萧山经济技术开发区内,是在杭州湾信息港的基础上发展起来的。2015年12月,该镇入选杭州市首批市级特色小镇创建名单。2016年1月入选浙江省第二批省级特色小镇创建名单。2016年入选信息经济类省级标杆小镇名单。2017年5月被评为2016年度杭州市级优秀特色小镇。2017年8月,荣获2016年度浙江省级优秀特色创建小镇称号。此外,该镇还被评为国家级小微企业创业创新示范基地、国家级科技企业孵化器(A类)、国家级众创空间(2家)、国家3A级旅游景区、浙江省海外高层次人才创业创新基地、浙江省十大小微企业集聚发展优秀平台。

一、萧山信息港小镇聚焦智慧产业

萧山信息港小镇位于萧山经济技术开发区,是萧山经济的核心区域。萧山信息港小镇位于钱塘江南岸,东起金一路,南至三益线(北塘河),西至青年路,北至文明路,小镇规划区域3.12平方千米。

(一) 萧山信息港小镇定位于科技信息产业

小镇建设的目标是成为集科技企业总部、科技项目孵化、科技项目研发、金融与商务服务于一体的产业集聚平台,成为杭州最大的软件和信息服务产业连片的园区,成为浙江乃至华东地区的软件与信息服务企业集聚中心,成为两化深度整合、产业转型升级的智能引擎。该镇是由萧山经济技术开发区设立的国资公司萧山信息港小镇高新建设开发有限公司进行建设管理,由浙大网新进行专业运营,由杭州市政府牵头主导、企业专业化运营的高科技园区。

(二) 萧山信息港小镇发展智慧产业

小镇规划构思构成为"1个基础平台＋X个智慧谷＋1个众创空间"。1个基础平台是指将小镇打造为萧山信息化和工业化深度整合的核心平台。X个智慧谷是指开发了8个智慧谷,即智慧健康谷、场景科技谷、智慧移动谷、智慧化纤谷、智慧包装谷、智慧家居谷、人工智能谷、智慧交通谷等。1个众创空间是指以萧山区海创基地和中国场景科技谷为主体的联创空间。小镇的规划构思落地为功能模块分布,形成了"一核两带三区"6个区块。

"一核"指"互联网创业创新孵化及深化应用核",重点是包含"互联网＋健康""互联网＋设计""互联网＋家居装修"的杭州湾信息港项目,建设智慧健康谷、智慧设计谷、智慧家居谷。智慧健康谷拥有智慧健康产业研发总部办公区、智慧健康产业培训区和产业金融服务区、会议酒店区,努力建立一个整合智慧健康产业全产业链的产业生态系统。中国智慧健康谷,包括微医国际医疗中心的全科医学院、癌症治疗中心、妇儿治疗中心,是体现"互联网＋"特征的健康产业项目。智慧健康谷以微医集团为龙头,主营业务为挂号网、微医、民康卡。智慧健康谷整合智慧健康产业链上下游资源,建设中国最大的医疗网络诊所、医疗数据信息中心与智慧健康产业集聚中心。智慧家居谷的企业领头羊是家居安装企业户帮户,整合家居安装产业链上下游企业。户帮户是一个专注于家居建材的O2O服务的平台型企业,上门安装是其服务特点,首创业界B2S2C商业体系,创建了O2O闭环服务模式,被业界公认为"安装界的顺丰"。

"两带"指信息技术产业带、"互联网＋"产业带,专注于大数据、云计算和高端软件的开发研究,依托互联网的自然交互性,利用"退二进三"的发展要求,腾出闲置和低效工厂厂房,开发基于互联网思维的创新模式,建立适应互联网、物联网、云计算环境的产业体系,它由智慧移动谷、智慧化纤谷、包装谷组成。智慧移动谷以口袋购物公司(移动购物头部企业)和泛城科技"动之谷"有限公司("快的打车"创始公司)为先锋,重点引入、整合和培育移动互联网公司,将移动互联网产业链上下游资源整合到一起。智慧化纤谷由浙江网盛生意宝股份有限公司投资兴建,是专业从事化纤原材料在线交易结算、综合交易信息咨询、供应链网络融资、仓储物流配送的综合在线服务平台。智慧包装谷由重庆准上市企业猪八戒网络有限公司与上市企业胜达集团有限公司共同出资成立。把包装设计和包装制造与销售的线上资源和线下资源整合到整个产业链的综合服务中。

"三区"指"跨境电商先行区""大众创客集聚区"及"休闲旅游商务区"。跨境电商先行区是跨境电商生态集聚区,集跨境电子商务运营培训、综合服务、展示展销、物流配送于一体。大众创客集聚区是创业创新的一个集聚区,以中国场景科技谷和萧山区海创基地为基础,建成适宜海归人员、科技人员、高校院所研究人员、大学毕业生的创业创新平台。休闲旅游商务区重点发展"互联网＋"特色商业贸易,由体现互联网文化特色的萧山信息港小镇客厅、步行街和商贸综合体宝龙城市广场构成。

二、萧山信息港小镇发展的要素分析

萧山信息港小镇自规划以来,建设发展超过了预期,特别是规划中的"X个智慧谷"已经发展了8个智慧谷,平台的集聚作用越来越强大,"互联网＋"的思路得到了很好的贯彻,促进了区域经济的转型升级。

萧山信息港小镇已经成为萧山区经济转型升级的新引擎。该镇已经引进了互联网、软件、信息服务公司,互联网相关企业和原有产业叠加形成了"互联网＋健康产业""互联网＋包装产业""互联网＋设计产业""互联网＋交通产业""互联网＋家居产业",互联网和信息技术的结合,促进了传统产业的转型升级。

明星企业成为小镇集聚力的核心要素。微医集团、云集、微贷网、歌礼生物、科大讯飞等一大批知名企业落户小镇,腾讯的两个投资项目也入驻小镇,猪八戒网和大龙网(重庆最大的两家互联网企业)先后在小镇安家,这些明星企业、龙头企业对产业链上下游企业的带动能力超强,这些企业入驻小镇,就会吸引产业链相关企业跟随。

小镇的互联网平台型企业自带系统的作用形成生态链。如中国目前最大的文化创意服务交易平台猪八戒网,汇集建筑、装修和工业设计、网络建站、动漫视频等文化创意产品在网上交易,个人、工作室、公司就会集聚在猪八戒网形成生态闭环。如网盛化纤公司,将全国化纤的卖家和买家集中到平台上,为化纤生产商和贸易商搭建桥梁。

萧山信息港小镇对企业采取引进和培育并举的策略。目前已经引进各类企业860多家,同时设立众创空间和天使投资资金,帮助小微企业成长,其中移动智慧谷建立了2亿元的天使投资基金。

政府甘当"店小二"为小镇建设提供专业的个性化服务。为更好地服务小镇,政府进行扁平化管理体制改革,政府为企业提供专业化贴身服务。政府坚持"政府主导、企业专业化运营",制定促进小镇发展的税收和土地租金等优惠政策,划拨专项经费建设基础公共设施和商务配套设施,组建专门工作组专门负责小镇的招商引资,为小镇发展搭建公共技术平台,组建专门为小镇服务的公共服务中心,把小镇打造成为创业创新的示范基地,业务覆盖找对象、找工作、找人才、找项目、找资本。政府已经成为创业者、企业家周围最亲密、最贴心、最用心的"店小二"。

图2-6　萧山信息港小镇鸟瞰图

第七节

发挥海归人才优势——嘉善归谷智造小镇

经济竞争归根结底是人才的竞争,海归人才是一大优势群体,是经济发展的优质要素资源。嘉善县发挥海归人才优势,创建归谷智造小镇。

嘉善归谷智造小镇又叫中国硅谷嘉善科技园,被列为2016年度省级特色小镇创建和培育对象,列入2017年第三批浙江省级特色小镇创建名单。2017年被选为首批浙江省培育类高新技术特色小镇之一。

一、嘉善归谷智造小镇成为海归人才创业之地

嘉善归谷智造小镇位于嘉善县新城区西延拓展区。嘉善县隶属于嘉兴市,位于浙江东北部,属于杭州湾经济区,位于上海、杭州、苏州三大城市中间,行政区域总面积为507.68平方千米。嘉善归谷智造小镇是"浙江嘉善县域科学发展示范点"沪嘉杭G60科创走廊的一个核心部分和一个重要平台,规划区域3.04平方千米。

嘉善县经济特色是"低碳、高智、江南"。嘉善县紧邻杭州、苏州、上海,位于长三角经济区的中心地带,有经济区位优势。改革开放以来,民营经济蓬勃发展,是全国百强县。早在20世纪80年代,嘉善县就积极投入改革大潮,90年代形成了一个村级工业园区,此后该园区一直走的是资源消耗大污染严重的工业路子。2008年10月,当时的浙江省委书记习近平视察嘉善县,要求改变粗放型发展模式,"在转变经济增长方式方面取得新的成效"。嘉善县开始规划建设科技产业园,主打人工智能和医疗器械两个产业。新产业需要引进高层次人才,政府因此在2011年引进了几十位海归人才和创业项目。这些

海归人才和项目大多来自上海,在上海的张江和漕河泾等科技园区孵化后,迫于高昂的商务成本,急需找到区位优势好、政策环境优的地方落实项目。嘉善县距上海只有80千米,乘高铁半小时到达上海,嘉善成为海归人士创业的首选之地。①

二、嘉善归谷智造小镇建设的经济要素优势

嘉善归谷制造小镇之所以能够在众多小镇创建中脱颖而出,有实实在在的产业做支撑,得益于以下几个方面。

(一)得天独厚的区位优势

根据区位优势原理,企业在投资的时候会优先考虑投资环境,考虑是否会更容易获得廉价的自然资源、劳动力、政府给予的优惠政策待遇,以及公共设施基础、销售市场、产业基础、产业链配套等因素。嘉善归谷智造小镇建设具有直接区位优势,相对于上海较为低廉的要素成本,以及政府的优惠投资政策。浙江省和嘉兴市对小镇建设有很多优惠政策,对入驻企业和人才工程有政府补贴和税收优惠以及相关配套优惠政策,这些是吸引高层次人才及其项目入驻小镇的直接利好因素。嘉善归谷智造小镇建设还有间接区位优势,如浙江电子商务迅猛发展,电子商务基础人才储备充足,营商环境较为宽松。嘉善归谷智造小镇背后众多的民营企业形成了强大的制造能力和产业基础。嘉善县也具有良好的空间地理优势,嘉善距上海80千米,高铁半小时路程,已经形成了沪杭经济区域一体化,嘉善承接上海的高技术产业配套显得顺理成章。

(二)经济扩张中心扩散效应增强

扩散效应是指随着经济中心的发展,基础设施逐步改善,会使一部分资本、人才、项目向外扩散和扩张,经济扩张中心的周边地区将从中部地区获得

---

① 《"智"造未来的嘉善中国归谷智造小镇》,http://news.cri.cn/20181116/d8661b67-72cb-c336-6bba-addf929dc088.html。

经济发展的要素,并刺激该地区的经济发展。上海作为长三角经济带的核心城市,产生了强大的辐射和扩散,带动了苏州、无锡、常熟、嘉兴、宁波等城市的发展。2018年全年上海实现生产总值32679.87亿元,是全国的制造中心之一,更是领跑全国的三大创新中心之一。上海市在电子信息产品制造、石化制造、精细化工制造、汽车制造、成套设备制造、生物医药制造等领域处于领先地位。上海新兴产业发展全国领先,包括节能环保、生物技术、高端装备、新能源、新材料、新一代信息技术、新能源汽车等,是行业的领导者。2018年,上海市第三产业增加值为22842.96亿元,增长8.7%。第三产业增加值占上海GDP的69.9%,比上年提高0.7个百分点。由于人才、项目、生产要素等竞争激烈,上海商务成本逐年推高,一些人才和项目就把目光瞄向了上海外部。嘉善归谷智造小镇受益于上海经济中心的扩散效应。

(三)海归人才回国创业增多

中国经济大环境向好,海归人士增多,回国归乡创业逐渐形成潮流。改革开放40多年来,我国经济发展快速,综合实力不断增强,越来越多的中国留学生选择回国工作和创业。根据教育部公布的数据,返回中国的留学生人数数量巨大,2017年有480900人,其中有硕士、博士、博士后出站人员等高学历人才227400人。2018年与2017年相比,回国留学生增加38500人,增长了8%。许多回国留学生从事于教育、科技、文化、卫生等领域。全球著名的智库联合智联招聘发布的《2018年中国海归就业创业调查报告》数据显示,61%的海归人士选择回到家乡发展,更多的海归人士愿意加入家乡的建设潮流,其中一线城市和省会城市成为海归人才集中就业与创业地区,如北京、杭州、上海、南京、广州、深圳等。江浙沪等率先富起来的地区,教育发展也较为发达,出国留学和深造人士增多,回国留学生也增多。嘉善归谷智造小镇受益于上海、杭州的回国留学人数增多的潮流,吸收和利用了上海、杭州等经济中心的扩散效应。

(四)产业集群效应显著

产业集群效应是指特定的产业及与之分工合作的不同规模的企业、公司集中在某一区域内,形成一个既竞争又合作的纵横交错的产业集群,产业集群形成的产业链、生态系统,减少了企业营商成本、要素成本、交易成本,形成了生产成本、原材料供应、产品销售、人才供给、政策供给等优势,促进了空间集聚体的发展。嘉善归谷智造小镇引进了140多个高科技项目,小镇也进行了C轮整体融资。小镇科技创新型企业的部分产品已经进入世界先进行列,如小镇内朗德电子科技公司的氧传感器芯片,填补了国内产品空白,和国际巨头德国博世、德国大陆、美国德尔福、日本电装等世界500强公司同台竞技。小镇的产业集群效应逐渐显现,吸引了更多归国人员前来创业。

(五)政策扶持到位

2017年5月,浙江省科技厅和浙江省特镇办联合发布《关于规划建设以高新技术为主导特色小镇的实施意见》,明确加强政策扶持力度,其中高新技术为主导的特色小镇将享受特色小镇一般扶持政策和高新园区发展相关政策。设立科技专项资金支持特色小镇建设,对纳入创建名单的小镇,给予不低于1000万元科技资金支持。[①] 省级的扶持资金以及地方的资金配套对小镇的建设起到了极大的推动作用。

(六)良好的营商环境

嘉善县具有良好的自然环境。嘉善属于杭嘉湖平原,气候温和湿润,四季分明,是全国首个平原地区生态县,与上海气候相差不大,饮食习惯也比较接近。嘉善县与上海和杭州的同城效应逐渐增大。到杭州和上海乘高铁均在半小时以内,嘉善已经接入上海和杭州半小时经济圈、工作圈、生活圈。贴心的"店小二"式服务,实行"最多跑一次"改革,对入驻小镇的高科技企业,提高办事效率,从拿土地证到开工时间不超过100天。对于重点行业,政府延伸服务,如为了更好地服务智慧医疗产业,省药监局在嘉善设立了创新医疗器械服务点,点对点服务企业。嘉善归谷智造小镇打造"生产、生活、生态"为一体的社区,让在小镇创业者感受到充满"活力和温度"。

---

① 《嘉善归谷智造小镇被列为首批省级高新技术特色小镇》, https://jiaxing.house.qq.com/a/20171117/023910.htm。

第八节

互联网新生代的打卡胜地——桐乡乌镇互联网小镇

桐乡乌镇互联网小镇已经成为一个网红小镇,"第一届世界互联网大会乌镇峰会"2014年在乌镇召开,来自100多个国家和地区的政府、国际组织、企业、科技和民间社会的1000多人参加了会议。习近平总书记亲临2015年"第二届世界互联网大会乌镇峰会",2016年通过视频为"第三届世界互联网大会乌镇峰会"演讲。乌镇被确认为世界互联网大会的永久地址。2016年1月,乌镇互联网小镇入选浙江省省级特色小镇第二批创建名单。经过升级发展,乌镇已经从国内著名旅游景区,发展成为千年古镇与"互联网＋"并存的智慧景区,乌镇已经发展成为"大乌镇",北区以乌镇景区为中心,南区以"中国·乌镇互联网产业园"为中心。

一、桐乡乌镇互联网小镇展现"古镇＋网红"

(一) 乌镇互联网小镇古镇新生

乌镇互联网小镇位于嘉兴市桐乡市乌镇镇。乌镇镇位于桐乡市北端,处于杭嘉湖平原,河港密布,位于桐乡与嘉兴、湖州和江苏省吴江市两省四市的交界处。乌镇历史悠久,6000多年前乌镇人的祖先就在此繁衍生息,建镇有1700多年历史。

乌镇房屋建筑集中体现了江南水乡建筑特色,古建筑群保存完整,是江南水乡六大古镇之一。1991年乌镇获得"浙江省省级历史文化名城"称号,2001年对外开放,现在的乌镇景区被评为国家5A级景区。乌镇的旅游业带动了一、二、三产业的发展,乌镇的旅游业为乌镇互联网小镇发展带来了光环效应。

乌镇互联网小镇位于杭州和上海一小时经济圈。乌镇互联网小镇,距离桐乡市县城14千米,距嘉兴市区25千米,距上海市110千米,距杭州市60千米,距高速入口3千米,距高铁站24千米,距机场57千米,得天独厚的区位优势和便捷的交通网络把乌镇和乌镇互联网小镇纳入中心经济区的"一小时经济圈"。

(二) 乌镇互联网小镇信息化改造

国家"互联网+"战略加速了互联网小镇建设。信息技术爆发性发展,"互联网+"成为产业发展的趋势,互联网+产业或区域,例如,+农业、+制造业、+服务业、+社区,"互联网+N"将促进"N"的转型升级发展和新兴业态、新兴产业发展。2015年7月下发的《国务院关于积极推进"互联网+"行动的指导意见》(国发〔2015〕40号),推动了乌镇互联网小镇建设。

"互联网+"成为经济发展的一种趋势。世界经济正在加速地向以网络信息技术产业为重要内容的方向转变,通过信息化对传统的基础设施、产品、业态进行改造和提升,推动传统产业、公共服务、民生事业、社会生活的数字化、智能化、网络化,撬动供给侧结构性改革、经济发展方式的变革。"互联网+"不仅仅是经济的变革,也是社会性的变革。

互联网小镇是构建智慧型城市的形态。互联网小镇就是充分利用互联网技术和平台,构建"互联网+小镇"形态,形成"互联网+政务""互联网+基础设施""互联网+产业""互联网+创新创业""互联网+民生"等"互联网+产城人文"的生态社区,实现基础设施、政府服务、民生事业、产业企业、教育卫生等与互联网广泛链接并深度融合,把小镇构建成为"互联网+解决方案"的综合应用平台。"互联网+小镇",全面提升小镇政府服务能力、社会治理水平、人民生活品质,增强小镇的生机。通过"互联网+经济",小镇有机融入全球和区域市场、产业分工,在更大范围内配置资源,让小镇更专业、更有特色,形成鲜明的经济特色、产业形态,增强小镇经济发展动力和活力。互联网小镇是推动互联网与城镇各领域的深度融合的载体,是推动城镇转型升级发展、城镇创新发展、实现新型城镇化的重要载体,是智慧型城市的典型应用。

"互联网+"是城镇发展的引擎。通过"互联网+"各项事业、产业、公共服务,发挥稳增长、促改革、调结构、惠民生、防风险的重要作用。"互联网+"起到双引擎的作用。一是提高公共产品、公共服务供给的质量和效率,通过公共信息基础设施的改造和提升,使政务管理、民生服务互联网化。浙江省"最多跑一次"改革就是建立在全省信息网络基础设施的发展之上。二是产生新的经济发展动能。"互联网+"需要加大信息技术产品的研发、生产、使用、销售与服务,促进了信息产业的发展。"互联网+"也促进了相关产业的改造升级。如电子商务的发展、O2O的发展、农村电商的发展。

"互联网+特色+小镇"实践风起云涌,互联网金融特色小镇、互联网电商产业小镇、互联网云商小镇、互联网生态小镇等纷纷登场。如湖南石山物联网农业小镇、浙江乌镇互联网小镇、四川资阳前后互联网小镇、山东龙园云商小镇等上千家互联网小镇。

(三) 乌镇互联网小镇成为互联网应用典范

1. 乌镇互联网小镇建设选址

乌镇镇行政区划面积67.22平方千米,为了支持乌镇建设,当地调整了行政区划,龙翔街道与西浜村划归乌镇镇管辖,调整后,乌镇镇行政域面积为110.93平方千米,常住人口为8万人。乌镇互联网小镇东至乌镇市河,南至西栅景区界线,西至薛塘,北至京杭大运河。乌镇互联网小镇规划区域3.13平方千米,建设用地1626.4亩。

2. 乌镇互联网小镇定位

乌镇互联网小镇的定位是打造"互联网+"生态圈。该镇以互联网产业为主导,体现包括会议会展、休闲旅游、安居乐业、城镇管理网络化与智能化应用,构建智能会展综合展示平台、互联网创新平台、智能旅游营销平台,创建一个互联网会务会展小镇、一个互联感知体验小镇、一个智能应用示范小镇、一个互联网产业特色小镇。该镇与国内外知名大学、知名互联网企业共同建设互联网小镇,建筑具有诗画水乡特色,科技能够体现互联网产业新成果、新产品、新应用。通过互联网产业全面提升乌镇原有产业、文化、旅游、社区四大功能区,提高乌镇互联网聚合力,打造开放共享的"互联网+"生态圈。

3. 乌镇互联网小镇建设项目

乌镇互联网小镇计划三年总投资100亿元,包括互联网会务会展小镇、互联感知体验小镇、智慧应用示范小镇、互联网产业特色小镇等四个方面的几十个重点项目和系统工程。

(1)互联网会务会展小镇。以服务世界互联网大会为首要任务,实施"综合运行、智能化管理、便捷服务",加强智能会展重点领域的建设和管理。其中第一个重点项目是总投资10亿元的互联网国际会展中心。第二个重点项目是总投资1亿元的互联网之光博览会。第三个重点项目是乌镇旅游公司智慧建设系列。包括电子票证平台、会展门户平台、信息发布平台和移动应用平台四个智能平台;包括智能停车场,升级西栅游客服务中心1号停车场,建设车位智能引导系统;包括乌镇电商B2C/B2B/App平台项目。第四个重点项目是世界互联网会展(乌镇)影响力指数。第五个重点项目是智慧安防系统。安防系统实现一体化、高清化、智能化。要重视提升设备质量,实现全区域监控视频高清化;把乌镇公安系统和乌镇景区、乌镇相关社区的视频资源整合起来,建立统一的视频监控平台;进行监控平台智能化改造,建立会展场馆集中管控平台,建立镇区综合应急指挥平台,对乌镇会展/会议安全进行全面监测和三维防控。[1]

(2)互联网感知体验小镇。利用移动互联网技术,大数据、物联网、全息成像和人工智能技术等前沿科技,将互联网的高科技与江南水乡的自然人文和千年历史文明结合起来,建立全球互联的感知体验中心,其中一个亮点就是提供新产品和新技术的体验。将建立互联网新技术体验馆,提供世界上最先进的技术体验平台,展示在互联网影响下的未来智能生活场景。重点项目之二是互联网应用生活体验。创建互联网应用体验区,如茶艺街、女红街、第一坊商业街等。重点项目之三是建设总投资26亿元的互联网博物馆,展示互联网产业及互联网发展历程及成果。重点项目之四是互联网综合项目,包括

---

[1]互联网经济发展办公室:《乌镇"互联网小镇"发展设想》,http://txtx.tx.gov.cn/txtx/newsreport/ShowArticle.asp?ArticleID=1809。

互联网主题公园、互联网博物馆、数字影视基地、互联网产业基地、智能旅游体验中心，该综合项目占地1500亩，其中建筑用地约800亩。[1]

（3）智慧应用示范小镇。推进人民生活服务、社会治理、旅游服务的智能化建设，构建"政府、企业、居民"三位一体的智能应用体系。其中一个重点项目是互联网大数据运营中心，总投资5亿元，用于构建智能旅游、智能政务、智能安防的综合平台。重点项目之二是智能乌镇社会管理系统。实现网络化、信息化和智能化的社会管理主要有"智能乌镇手机端巡更系统""手机二维码识别子系统""数据综合管理处理模块""智能乌镇统计分析""基础权限治理模块"五个子系统，以及智能小镇民情服务与管理平台、智能公交自行车项目。重点项目之三是智能旅游项目。投资292万元，构建智能旅游生活服务平台和智能乌镇社会管理系统两大应用系统。旅游生活服务平台，推广子夜路商铺二维码项目。重点项目之四是智慧社区的移动工信部"面向家庭的社区综合宽带应用示范"项目。建设全面的宽带应用示范、社区智能管理以及社区文化平台。重点项目之五是智能养老。建设乌镇养老服务信息网络，老年政府职能部门、养老机构、养老护理中心、养老服务机构、养老保险机构各司其职。重点项目之六是总投资1亿元的健康谷"挂号网"医疗中心。重点项目之七是总投资5005万元的城乡社区智能养老服务体系示范项目。[2]

（4）互联网产业特色小镇。推广"互联网＋"战略，提升智能制造产业，发展互联网金融，扩展数字内容产业。第一个重点项目是总投资3亿元人民币的互联网创客空间，建设用地约100亩。第二个重点项目是总投资1亿元的互联网创业街区和创客村，建设用地约30亩。第三个重点项目是总投资3亿元的文化项目江南乌村，占地面积约417亩，其中建设用地130亩。它由四个主要部分组成：农产品种植精品加工区、农事农村活动体验区、知青文化感受区、船文化感知区。第四个重点项目是总投资10亿元的吴越文化创意园，总占地面积约124亩，其中建设用地约100亩。该项目包括"乌镇双年展"（国

① 互联网经济发展办公室：《乌镇"互联网小镇"发展设想》，http://txtx.tx.gov.cn/txtx/newsreport/ShowArticle.asp?ArticleID=1809。

② 同上。

际现代艺术展）展厅及展厅配套设施、艺术创意工坊、滨河文化休闲街、乌镇越剧戏剧学校。[①]

二、乌镇互联网小镇建设的要素分析

乌镇由传统的旅游小镇在信息化时代、互联网时代，通过"互联网＋"，插上互联网的翅膀，实现了空间、业态、基础设施等领域的全面再造，有许多经验值得总结。

（一）商业竞争需要创新与转型发展

作为旅游精品地，乌镇经历了从千年古镇到旅游小镇、文化小镇、智慧小镇的嬗变。第一个阶段是1999年乌镇启动古镇保护和旅游开发，拆掉了东栅区域内的新房子和与老区不协调的建筑，把所有管线都埋在地下，给老百姓装上马桶，为2000年构建观光旅游小镇打下基础。第二阶段是保护开发西栅景区，构建度假休闲小镇。迁出居民，做成自己经营民宿和酒店，2006年12月中青旅实现对乌镇旅游控股。第三阶段实现文化小镇、智慧小镇创建。2013年举办第一届乌镇国际戏剧节，2014年承办"第一届世界互联网大会乌镇峰会"。乌镇抓住互联网时代脉搏，由古镇旅游升级为人文旅游，再升级为智慧旅游，实现了从边缘地区到中心地区的突变，在寻求新生的道路上实现了突破。

（二）善于捕捉时代机遇

二十几年的旅游小镇经历，使乌镇管理者明白，必须要做到"人无我有，人有我优，人优我特"，才能在众多江南古镇的竞争中脱颖而出。乌镇已经是5A级景区，可以靠旅游资源坐等财富，然而2014年第一届世界互联网大会给乌镇带来了一次重塑的机会。国家互联网信息办公室组织选址时提出三个

---

① 互联网经济发展办公室：《乌镇"互联网小镇"发展设想》，http://txtx.tx.gov.cn/txtx/newsreport/ShowArticle.asp？ArticleID=1809。

条件:一是互联网经济比较发达;二是赋予自然风光优美的小镇以互联网因素,如瑞士达沃斯小镇;三是能代表中国几千年文化历史和传承的小镇。[①] 乌镇全面利用云计算、大数据、物联网、移动互联网等新一代信息技术对小镇网络硬件设施进行迭代升级,获得世界互联网大会永久会址的优势,在互联网时代实现了从边缘地区走向中心区域,把原来同级别的旅游古镇远远抛在后面。

(三) 智慧小镇带动产业转型升级和发展

2014年第一届世界互联网大会后,金融咖啡、创投公社等互联网企业入驻乌镇,互联网产业基金、投资基金等也陆续进入。2015年20家互联网企业落户乌镇。2015年省政府同意设立"乌镇互联网创新发展试验区",随后申报设立"国家信息经济示范区",得到中央网信办、国家发改委联合批复同意。乌镇已经形成了阿里巴巴产业带,乌镇互联网小镇也带动了桐乡市的产业发展,毛衫、皮草、蚕丝被、皮鞋、家纺等五大传统制造业实现转型升级。中关村、清华启迪、腾讯等知名企业也进入桐乡市,传统制造业、毛衫和皮草等专业市场与电子商务高度融合,信息经济逐渐成为桐乡市的主要经济。

(四) 乌镇互联网小镇建设推进了政府服务的升级

为服务世界互联网大会和智慧旅游,政府开发了"智慧乌镇"系统,整合数字安防资源、数字城管资源、数字交通资源、民生信息资源,构建了城市互联网网络空间,引领新型城镇化发展。

图2-7 乌镇互联网小镇鸟瞰图

[①] 谢敏敏:《乌镇模式为何成功?》,《经济观察报》2017年9月29日。

第三章　环保类特色小镇

　　作为战略性新兴产业之一，节能环保产业蕴含着广泛的商机，各地涌现出节能环保小镇。实际上，申报国家级小镇，必须满足生态方面的硬杠杠要求。国务院印发的《"十三五"国家战略性新兴产业发展规划》要求必须实施水、大气、土壤污染防治。住建部、国家发改委等发布的《关于开展特色小镇培育工作的通知》要求注重生态环境保护作为基本原则之一。住建部发布的《关于做好2016年特色小镇推荐工作的通知》中要求参与综合试点的候选特色小镇在最近五年内必须"无重大安全事故、重大环境污染、重大生态破坏"。

　　浙江省级特色小镇创建名单（2018）中按产业分，上榜环保类特色小镇6个，分别是诸暨环保小镇、兰溪光膜小镇、义乌光源科技小镇、江山光谷小镇、柯城航埠低碳小镇、衢州锂电材料小镇。

第一节
浙江环保产业发展

环保产业是我国战略新兴产业,是国家战略加快培育的产业之一,被列入浙江省重点发展的八大万亿产业。节能环保产业就是为节约能源、节约资源、保护环境生态、发展循环经济提供技术保障、提供装备和物质基础的产业。环保产业涉及节能环保技术、装备、产品、服务,是实现可持续发展、转变经济发展方式的重要支撑产业,市场需求大。2015年浙江省发布《浙江省节能环保产业发展规划(2015—2020年)》(浙发改规划〔2015〕831号),加快节能环保产业发展。

一、环保产业发展概况

在整个国际经济大环境不是太好的情况下,全国环保产业依然增长较快。2019年中国环境保护产业协会发布《中国环保产业发展状况报告(2018)》显示,全国环保产业营业收入增长在15%以上,环境服务和环境保护产品双增长。

环保政策和上游行业拉动了环保产业增长。全国严格执行环保相关法规和标准,大气污染防治、水污染防治、废物处置、环境监测等领域实现了产业大幅增长。

节能环保产业进入膨胀发展阶段。环境污染第三方治理、"互联网＋环保"等监管模式试行并取得成效。印染、化工、水晶、电镀、制革、造纸、玩具等行业的环保监管不断深入,"五水共治""三改一拆"等措施的贯彻执行,大大推进了节能环保产业的发展。

节能环保产业需求旺盛。在大气污染治理领域,国家提出"打赢蓝天保卫战",其中煤改气、柴油货车污染治理、企业环保装备等投资需求超过万亿元。在水污染治理领域,国家突出"打好碧水保卫战",保护好水源地、治理城市黑臭河、长江黄河淮河渤海等河海修复和治理攻坚战、农村农业污染治理攻坚战等投资也在2万亿元左右。在土壤污染治理领域,国家提出"打好净土保卫战",恢复土壤生态需要投资近1万亿元。在固体废物治理领域,城市和农村生活垃圾无害化处置、工业废渣等固体废弃物处置投资也超过万亿元。至2020年,全国环保产业营业收入总额将会突破2万亿元。

二、环保企业发展概况

《中国环保产业发展状况报告(2018)》中参与调研的8000多家环保企业,结果显示,我国节能环保产业集聚化趋势凸显,行业集中度提升。营业收入在1亿元以上的大型企业贡献了超过九成的营业收入。其中北京、浙江、广东和江苏四个省市贡献了一半以上的营业收入。节能环保产业的创新能力不断增强,和国际上的合作也不断深入。

根据《浙江省节能环保产业发展规划(2015—2020年)》的要求和环保产业的发展,至2020年,浙江省的节能环保产业总值将达到1万亿元,由原来企业发展需要购买节能环保产品、服务、装备的消费者,发展节能环保产业,成为节能环保产品、服务、装备的生产、制造、服务的提供者、供给者,扩大环保产业规模,提升技术装备水平,提高产业集聚程度,优化产业发展环境,把节能环保产业发展成为万亿支柱产业之一。

三、浙江省环保产业发展的思路与措施

(一)环保产业发展的思路

环保产业在我国尚处于培育和发展成长期,市场机制不健全,政策体制有待完善,市场前景广阔,符合产业转型升级的需要,因此浙江省要大力发展

环保产业。

1. 坚持绿色发展理念

坚持和贯彻"绿水青山就是金山银山"的理念和要求,建立体制机制,围绕"八八战略"促进环保产业发展,通过政府政策引导和鼓励支持环保产业发展。

2. 坚持市场化导向

以市场化、产业化、专业化为发展导向,发挥市场的基础性、主体性、决定性作用,调动政府、市场的积极性,规范市场发展,释放市场活力,激活市场动力,完善环保产业生态链,开拓环保产业发展空间,促进环保产业健康发展。

(二) 环保产业发展的措施

1. 加强环保的监管

环保产业发展有赖于国家环保法规的严格执行。政府严格执行环境保护的相关法律法规和要求,加强企业和社会环境监管,加大大气污染、水体污染、土壤污染、固体废弃物的治理力度,建立健全第三方监督体系和"互联网＋监管"体系,建立健全环保评价体系、评价机制,建立环保企业黑名单制度,接受社会舆论监督,开展环保产业单位安全认证等,规范环保市场秩序。

2. 搭建平台助力环保企业发展

加强环保产业信息平台建设,建设环保产业信息交流平台、投融资平台、环保技术和产品供需平台,为环保产业发展提供基础支撑。为环保产业国际化提供环境支持,搭建环保产业国际交流合作服务平台。

3. 优惠政策扶持环保产业发展

特别是为环保产业提供金融服务支持,如建立环保产业发展基金,试行排污权的交易,支持符合条件的环保企业在企业债券、票据等方面进行改革等。

4. 鼓励环保科技创新

加快构建环保产学研一体化技术创新体系,加大对科技创新的科技资源、人才资源、要素资源的支持力度。

5. 科学规划产业布局

规划和完善生态保护区和环保产业集聚区。打造杭州高端环保服务业集聚高地,发挥宁波、绍兴等环保产业优势,带动湖州、嘉兴、金华等地的环保产业链发展。[①]

四、节能环保小镇的意义

在国家政策鼓励和经济发展驱动之下,各地节能环保小镇风起云涌。江苏省的亭湖环保科技小镇、盐城环保小镇,湖北省武汉青山北湖生态新城环保产业小镇,浙江省诸暨环保小镇、宁波北仑国际环保小镇,陕西省西安市秦汉新城环保小镇,河北省怀来新能源环保小镇等。

节能环保小镇建设本身符合产业发展需要和经济结构发展需要,市场对节能环保产品、技术、装备、服务的需求量大。小镇建设能够把节能环保企业集中起来,构建完整的产业链,形成产业集群,产生规模效应,节约成本,增强竞争力。小镇建设走"产、城、人、文"融合发展之路,科学研究、产品服务开发、产品生产、旅游等产业融合发展,产生跨界效应,既有利于本行业、本产业发展,也有利于社会进步。

节能环保小镇有利于促进城乡二元结构改变。特色小镇疏解一部分城市功能有利于解决"大城市病",小镇选在城乡接合部或者农村建设,能够改善农村生活环境,增加农民收入,消除城乡两极分化。

---

①高峰莲:《浙江省环保产业绿色发展思路和对策措施》,https://mp.weixin.qq.com/s?__biz=MzAxNDYyODMxNQ%3D%3D&idx=1&mid=2455661818&sn=1f0f457168ead60b098dc434fcef04b0。

第二节

传统产业断腕求生——兰溪光膜小镇

兰溪是浙江的老工业基地之一,传统电解铝产业走进了死胡同,当地断腕求生,放弃电解铝产业,发展光膜产业,实现了产业转型发展。兰溪光膜小镇是金华市兰溪市创建扶持发展的特色小镇,作为环保类小镇入选2017年省级特色小镇第二批培育名单。2018年9月13日入选省级特色小镇第四批创建名单。金华市入选第四批创建名单的小镇有兰溪光膜小镇、东阳花园红木家居小镇、义乌光源科技小镇等。

一、兰溪光膜小镇聚焦光膜产业

兰溪光膜小镇位于浙江省金华市兰溪市北部,兰溪经济开发区的东北,距城区7.5千米。其诞生于华东铝业公司重组。2014年华东铝业公司接受杭州锦江集团、红狮控股集团入资重组,转型进入光膜产业,以及光电端装备制造业,发展LED上游产业集群。光膜小镇按照3A景区的标准在小镇核心区打造光电公园。光电公园突出光电特色,展示光电科技,发展体验光电工业旅游。

光膜小镇的主题是"节能"和"光膜",以光学膜制造业为核心,打造世界膜都。光膜小镇规划区域3.55平方千米,核心区域面积为0.93平方千米,建设用地1950亩,3年内计划投资56.48亿元,总投资70亿元,小镇投资完成完全量产后,计划实现产值100亿元。小镇总体规划布局为"一核两点双环三区"。"一核"为光膜小镇公共服务中心,也是创新服务中心,是科技创新引擎和核心。"两点"为西入口和南入口两个入口,展示小镇形象。"双环"为小镇东北部和西南部的两个生态漫步环行区。"三区"为综合服务功能区、光膜产业区和节能环保产业区。光膜产业、文化体验、工业旅游三位一体,实现小镇生产、生活、生态的"三生融合"。①小镇的核心要素是打造光膜新材料产业集聚区,布局复合膜、反射膜、增亮膜、导光板及上下游产业。

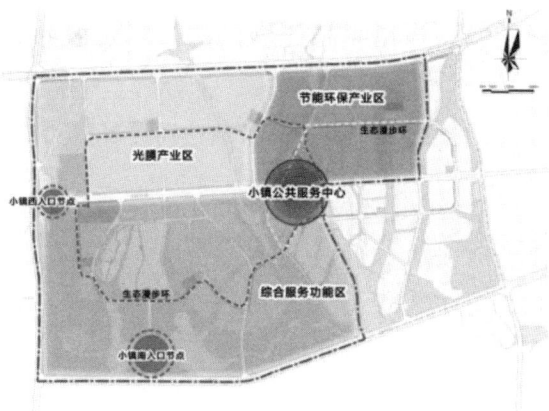

图3-1 兰溪光膜小镇规划图

兰溪光膜小镇由企业化运营。杭州锦江集团负责引进相关企业,华东铝业公司负责运营和管理。通过引入光膜企业入驻,形成光学膜产业集群,抢占光学膜市场,使光膜成为小镇核心竞争力,通过光膜产业发展带动兰溪市的传统工业、产业转型升级。

兰溪光膜小镇实施招商招才、引资引智工程。光膜小镇已经引进了锦浩光电材料、锦辉光电材料、锦德光电材料、锦美复合材料、欣麟科技、瑞欧纳米等7家光学膜研发和生产的高新技术企业,累计完成投资额16.7亿元,预计从2018年到2020年完成有效投资56.48亿元。锦浩光电项目年产3600万平方米反射膜,占目前国内市场份额可达三成。大力引进光膜产业人才。目前已经引进光膜产业人才300余人,其中,从中国台湾、韩国引进的光学膜领域技术骨干30余名,并带来专利技术70余项。②

---

①《兰溪光膜小镇成功入选省级特色小镇第四批创建名录》, https://mp.weixin.qq.com/s?__biz=MzIxNzYxMDc3MA%3D%3D&idx=2&mid=2247491740&sn=6bfcd42f34a42f4013104c99873a4986。

② 同上。

二、兰溪光膜小镇的经济转型升级推力作用分析

(一) 兰溪光膜小镇带动兰溪经济技术开发区"二次创业"

兰溪经济开发区于1992年成立,发展成为兰溪市的工业集聚区、现代化新城区、改革试验区,是兰溪市的工业基石。开发区主导产业以传统产业为主,有高档纺织业、医药食品产业、机械电子工业、铜铝不锈钢加工工业、精细化工工业等。这一时期涌现了许多优秀企业,如浙江康恩贝制药、浙江联强数控机床、浙江甬金金属科技、浙江立马云山纺织等一批龙头企业,形成特色产业群,并获得了"国家级天然药物产业基地"和"中国织造名城"称号。近年来,随着经济转型发展、产业转型升级、环保力度加大等因素,开发区原来的企业经营出现了困难,急需转型发展。2013年7月29日,杭州锦江集团、红狮控股集团出资完成了对华东铝业的重组。2014年,重组后的华东铝业断腕求生,关停了电解铝生产线。2015年,金华和兰溪两地联合发力,华东铝业转型进军光学膜新材料产业,走高技术、高附加值的科技型企业之路。光膜小镇书写了无中生有的传奇故事,从生产铝锭到生产光膜。[①]兰溪光膜小镇入选省级特色小镇第四批创建名单后获省财政2000万元专项资金支持。2017—2018年,开发区落地了28个招商引资项目,其中共有5项落在光膜小镇,另外很多项目也与光膜小镇企业产业链关联。

(二) 兰溪光膜小镇公共服务创新带动整个公共服务体系变革

为了更好、更快、更优地服务好小镇项目,兰溪市开展"最多跑一次"改革,随后把"最多跑一次"改革的所有成果向全市推广,惠及所有招商引资项目和服务企业,提出"兰妈妈"式政务服务的口号和要求。如组建专家型招商招才顾问团队,派年轻干部下企业挂职增加企业经历经验,提高政府服务企业发展、服务经济发展的能力。开发区管委会在土地征用、供水供电、三通一

[①]《光膜小镇:从一块铝锭到一片光膜 无中生有创传奇》,https://www.jinhua.com.cn/app/news/jgxl/2018-11-19/431819.html。

平等方面为企业提供服务,实现企业施工无障碍化。

(三) 兰溪光膜小镇建设促进了人才政策和人才结构的优化

兰溪市高层次人才引进主要以光膜小镇和科创园为主,小镇引进博士2人、硕士10人、台干32人、各类专业技术人才158人,申报入选"国千人才"和"省千人才"各1人,金华"双龙计划"人才3人。兰溪市出台"兰溪人才新政20条",制定和完善了人才工作政策和机制,开展了人才申报工作,建设产学研平台等人才载体,建设人才公寓等优化人才环境。[①]

[①]王萍:《兰溪经济开发区"光膜小镇"引进反渗透膜项目和人才》,http://www.membranes.com.cn/xingyedongtai/gongyexinwen/2019-01-10/35278.html。

第三节
贸工联动发展——义乌光源科技小镇

义乌市产业以商贸业为主,提出贸工联动发展后,工业发展成为战略方向,随着新兴产业的发展,义乌市补齐工业短板的需求越发强烈,光电产业成为一个产业突破口。义乌市于2016年启动光源科技小镇建设,经过一年创建,于2017年4月成功入选金华市市级特色小镇,2018年9月13日入选省级特色小镇第四批创建名单,三年实现三级跳。

一、义乌光源科技小镇聚焦光电产业

义乌光源科技小镇位于浙江省金华市义乌市苏溪镇,位于规划区域147平方千米的义乌信息光电高新技术产业园区内,属于义乌高新区东片区的核心区域。科技小镇具有较好的交通优势和区域优势,东、西、南、北分别接甬金高速、37省道(苏溪大道)、义乌国际商贸城、沪昆高速,其中疏港高速穿过光源科技小镇。义乌光源科技小镇交通便捷,距义乌民航机场约5千米,距义乌陆港新区、义乌保税物流区(国际国内)约5千米,距义乌火车站高铁站约5千米,距杭金衢高速公路入口约8千米,距甬金高速公路入口约8千米,与上海的高铁距离约一个半小时,与宁波港高速公路距离约2小时。

苏溪镇有良好的工业基础。20世纪60年代,苏溪镇创办了集体企业"义乌县广播器材厂",后更名为"国营义乌县红旗电视机厂"。1974年苏溪电视机厂设计生产了浙江省第一台黑白电视机——"红旗"牌电视机。改革开放初,苏溪创办浙江省义乌衬衫厂,成为义乌第一家衬衫厂,开启了苏溪中国四

大衬衫生产基地之路,苏溪镇获得"浙江省衬衫工业专业区"称号。①苏溪镇有规模以上企业60余家,其中上市公司6家,"新三板"挂牌公司3家。

义乌光源科技小镇规划区域2.99平方千米,其中用地规模4500亩。规划总投资额为87.97亿元。规划发展浙江省八大万亿产业之一高端装备制造业。义乌光源科技小镇主导发展信息光电产业,积极发展智能制造。

义乌光源科技小镇产业定位:光源科技研发、光源科技产品制造、光源科技应用服务。产业功能区块:装备产业园(新能源和物联网)、转型升级产业园、科创研发服务功能区、城市功能配套区。产业发展目标:信息光电技术进步和创新能力新载体、信息光电产业高端要素集聚区、信息光电产业新高地、国家级高新技术产业园区、信息光电"世界光明之都"。招商引资目标:光电产业链企业。包括半导体照明企业、信息数据企业、时尚服饰企业、人才集聚项目(高校科研院所)。

二、义乌光源科技小镇建设及经济转型升级

义乌光源科技小镇缘起于华灿光电投资于义乌。2015年华灿光电启动新一轮投资,经过在全国各地考察选址,已经和武汉和张家港等地区谈妥了扶持政策。义乌信息光电高新技术产业园工作人员了解到华灿光电董事长周福云是义乌人,曾经在义乌摆地摊、办服装厂、办印刷包装厂,后来投身LED产业并获得巨大成功,于是决定打亲情牌,并给予相应的优惠政策。在义乌市委、市政府的支持下,园区工作人员不气馁不放弃,经过280天的几十次往返于武汉、张家港等地,动员华灿董事会成员到义乌投资。义乌市高新区于2016年2月13日成功与华灿光电签订协议。

义乌速度引来更多的优质企业入驻小镇。义乌经济发展速度和优质的政府服务密不可分。政府公共部门和工业园区为企业提供"保姆式"服务,通过优化办事流程、简化办事程序、提高工作效率,让企业"最多跑一次"。年产值可达20亿元的华灿光电LED项目从开工到建成投产用时不到一年。对于

---

① 《打响"孝义故里、光源小镇、诗意苏溪"品牌》,《义乌商报》2018年11月12日。

速度就是效益、就是竞争优势的企业来说,义乌市良好的营商环境吸引了一批企业入驻小镇。华灿光电示范作用明显,瑞丰光电、木林森也随之入驻。义乌光源科技小镇构建了国内首条 LED 全产业链。与 LED 产业链相关的产业高端太阳能光伏产业也进入了高新区招商引资的计划。高新区积极与广东爱旭科技股份有限公司沟通,爱旭科技是全球最大的单晶 PERC 电池制造商,它也选择了到义乌设立生产基地。爱旭科技项目入驻小镇创造了"当年签约、当年落地、当年开工、当年投产"的"四个当年"奇迹。爱旭科技项目入驻园区后,产生的"磁场效应"吸引了东方日升太阳能电池组件项目等,高新区又形成了高端太阳能光伏产业链。

义乌光源科技小镇引入巨型企业形成千亿元产业。木林森股份有限公司的 LED 照明项目总投资 55 亿元,华灿光电项目总投资 60 亿元,瑞丰光电项目总投资 20 亿元,三大巨型企业能够形成 1000 亿元的年产值。其中木林森 LED 项目主要生产半导体材料、LED 照明灯及配套的五金材料,年销售额预计可达 100 亿元。此外还有瑞丰光电、汉鑫半导体等省市重大产业项目,义乌企业参股的中国财团成功并购德国欧司朗照明和美国美新半导体项目。小镇已入驻光电类企业 21 家,其中有 11 家为国家高新技术公司,有 5 家为上市公司。

义乌光源科技小镇走高科技产业和产业研发之路。高新区积极引进和培育人才,其中"国千人才"和"省千人才"共计 30 名,具有博士学位人才 160 多名。引进了 IPO 主板上市公司 8 家、省市重特大项目 20 多个,形成光电产业集群,西片区引进了华录北邮、中航新能源等项目,成功布局高新技术产业。小镇建设了许多科技平台,有科研机构 16 家,包括车联网国家实验室、电商与电子支付实验室、中科院沈阳自动化所义乌研究所等。义乌光源科技小镇加强配套设施综合市场、产业用房、高新产业服务中心建设,为小镇企业和研究机构、人才提供配套服务。

义乌光源科技小镇带动苏溪镇产业转型升级。小镇创建之前,苏溪镇工业园区主要是衬衫生产制作企业,借助义乌国际商贸城快速发展,形成"前店后厂"的模式,成为闻名遐迩的衬衫基地。随着新的工业浪潮的来临,全球经济转型发展,劳动密集型产业市场压力增大,苏溪镇衬衫基地触及了行业"天花板"。2014年之后,受国际贸易摩擦和电子商务冲击影响,衬衫企业市场和利润受到极大冲击。义乌市场贸易形态走上转型升级之路,义乌产业结构和企业发展面临转型升级压力。高新企业引入后,倒逼劳动密集型产业向高新产业转型发展。义乌光源科技小镇初步形成千亿级产业集群,带动苏溪镇相关区域经济转型发展。

政府为产业转型提供政策扶持。投资总额在10亿元以上的项目,由市政府成立专门机构衔接,负责特别重大的工业项目的对接、服务、管理。出台《关于加快工业经济发展的若干政策意见》(市委〔2012〕35号),挂牌出让特供工业用地指标,支持"高税无地"或"高税少地"的成长性企业。做好工业用地的前期基础设施工作,实施"亩产论英雄"措施,有效利用闲置土地和厂房,建设标准厂房,配齐水、电、网络,为引进企业提供现成厂房,使之可以快速动工和生产。

第四节

生态保护区发展光伏产业——江山光谷小镇

江山县是浙江省生态保护区,如何实现生态保护和产业协调发展是一个两难之题,发展光伏科技产业兼顾了产业和生态,是江山转型发展的一个切入点。江山光谷小镇于2016年1月被列入浙江省级特色小镇第二批培育名单,2018年9月13日,成功入选省级特色小镇第四批创建名单。

一、江山光谷小镇兼顾产业和生态协调发展

江山光谷小镇区域交通。江山光谷小镇位于浙江省衢州市江山市,江山市位于闽浙赣三省交界处,多山地丘陵,是钱塘江源头之一。江山市山川秀丽,河湖清幽,主要自然景观有世界自然遗产江郎山、仙霞岭的仙霞古道、老虎山、鸡公山、西山等,人文景观有千年古关、廿八都古镇、古码头、古生物遗迹、古文化遗址、古墓群、古窑址、古寺庙、碑刻等等。江山市经济发展定位为"工业新城、旅游胜地、山水家园",工业经济不在省区规划重点发展的区域,属于生态保护区的大范围。江山光谷小镇位于衢州江山市凤林镇。江山市处于浙、闽、赣三省交界处,东北面柯城区,东邻衢江区(衢州市)、遂昌县(丽水市),南毗浦城县(福建省),西接玉山县(江西省)、广丰县(江西省),北连常山县(衢州市)。凤林镇距离江山市县城25千米,距衢州市市区60千米,距上海400千米,距杭州250千米,距杭金衢高速入口14千米,距江山高铁站30千米,距江山火车站15千米,距衢州机场60千米。

江山市凤林镇是国家级生态镇。光谷小镇东侧是江郎山风景区,为5A级国家风景区。西侧是三大省级农业功能区:省级农产品主产区、省级粮食生

产功能区、省级现代农业综合园区。

2015年江山市开始谋划创建江山光谷小镇。江山市结合本地产业基础和产业特色、自然人文文化底蕴、旅游资源和优势,提出创建特色小镇的优惠政策。省政府出台了支持小镇发展的优惠措施,特别是在土地、财政要素保障方面。按期完成年度目标,配套奖励建设新增建设用地。省里给予特色小镇配套奖励50%或60%(信息经济、环保等产业类按60%)。新增财政收入上交省财政部分奖励给当地财政,创建验收命名后,前3年全额返还,后2年返还一半。

江山光谷小镇以企业为投资主体。小镇投资主体为正泰集团、天蓬公司、绿业公司。发展光伏新能源产业,形成"光伏＋旅游""光伏＋农业""光伏＋体育"的产业链,启动"金屋顶"光伏富民项目,通过"板上发电,板下种植",实现"太阳兴能、旅游兴镇"。

江山光谷小镇规划。规划及投资:规划区域约3.51平方千米,建设用地面积413亩,总投资规模65亿元。产业定位:发展高端装备制造产业,包括光伏发电产业、光电应用设备制造产业、光电产品研发。发展目标:建设光伏工业基地,建成光电产业全产业链小镇。

江山光谷小镇打造"一心一轴一环四区"格局。"一心"是指综合集散服务中心。"一轴"是由南向北不同旅游主题项目游览中轴。"一环"是连接城镇和绿道交通圈周边景观的旅游线路。"四区"是魅力生态区、示范展览区、休闲体验区、创智研发区,由乡村光华、科技光芒、奇幻光影、产业光能组成。魅力生态区由低碳环保示范板块、门户展示板块、田园风情民宿板块构成,将光伏和低碳贯穿其中。示范展览区由"光伏科学体验景区＋光伏发电示范园＋现代生态农业基地"组成,以"绿色科技"为主题,建设光伏低碳科技馆、农业科技互动体验博物馆、光伏科技广场、光伏景观驿站、光伏伊甸园、动感码头等观览体验场景。休闲体验区由三大板块组成:光电科技板区、文创休闲区、协调发展区。休闲体验区核心:奇幻光电之旅。休闲体验区主体项目:互动体验馆(大自然超体感)、魔幻森林、和光之园(未来世界模型群)、集散服务中心、博览中心、天空之城半岛酒店、度假木屋(光能小筑)、紫薇庄园等。创智研发区也由三大板块组成:产业研创、休闲度假、低碳乐居。其主要有光伏产业研发、产业孵化、农产品加工等功能,建设众创空间、研发中心(太阳能光伏产业)、新能源产业孵化器、农产品加工园区。

二、江山光谷小镇建设体现协调发展特色

政策支持特色小镇培育和建设。江山市制定了专项政策扶持培育特色小镇。选派优秀干部为特色小镇提供"店小二"式服务。[①]每年安排2000万元扶持资金。对创建特色小镇的给予优先推荐申报,给予配套补助和投资奖励,优先保障用地供给,对引进人才单位给予奖励。

江山光谷小镇分阶段建设。光谷小镇规划46个项目,分三期实施。一期实现了项目签约和部分项目施工。浙江山里河农业开发、浙江创鸿城实业、正泰集团、杭开集团等集团企业来小镇投资,已签约梦江郎国际房车基地、江郎山国际文化休闲养生城等项目。

其中杭开集团"金屋顶"项目投资500多万元,已经在凤林镇白沙村、中岗村安装屋顶光伏200多户。浙江山里河农业开发集团的山里河马场、浙江创鸿城实业公司的时尚定制家居产业综合体等项目已经开工建设。至2019年底完成光伏环保应用领域项目体系,总投资52亿元,建设光伏发电、农光互补特色农业、环保旅游等区块项目。

正泰集团投资20亿元建设正泰200兆瓦林农光互补地面电站,占地面积约6300亩,年均发电量2亿千瓦时,可以满足江山市居民一年的生活用电。农光互补地面电站项目打造"平行空间"。上面层是农光互补地面电站项目(国内最大),下面层是中草药种植基地(华东地区规模最大),光伏阵列间距中种植农作物,实现了土地立体化开发利用、综合利用,实现了太阳能、农业、科普教育、旅游跨界组合、融合的发展模式。正泰集团专门成立江山隆泰农业开发有限公司,聘请中草药种植技师、储备特殊农业人才,负责中草药种植基地的管理。

[①] 徐军、文朴、侯洁如:《江山光谷小镇:彩凤朝阳 蓄势腾飞》,中改在线微信公众号。

三、江山光谷小镇对江山经济转型发展的带动作用

江山市产业结构正在调整。江山市工业产值近年来保持在 300 亿元左右,工业经济结构中占比较重的产业为门业、装备制造业、健康生活业、消防应急产业等。综合来看,占比最大的依然是十大重点传统制造业,高新技术产业产值紧追传统制造业,新兴产业产值约为传统制造业的五分之一。2008年世界金融危机以后和浙江省大力进行环保整治以来,工业结构明显优化。化工和非金属矿物品业产值下降很大,技改投资增幅很大。传统的优势产业木门产业进行了整治提升,培育了一批行业领先企业。电商产业增速很快,其中票管家、长远飞鹰、浙江契禾等电商区域总部项目签约落地,电商产业增速居衢州市县市区之首。光谷小镇建设促进公共服务质量提升。旅游经济特色发展,获评省首批全域旅游示范市,市政府出台全域旅游发展政策,设立4000万元专项扶持资金。

深化公共服务改革。为了服务经济发展,政府深化"最多跑一次"改革,让群众"一指办成事、一次不用跑"。加强数字化政府网络建设,实现"数字政府、一流治理"目标。组建五大产业服务小组,开展"百名局长联百企"行动,全面推行"标准地＋承诺制＋代办制",为企业发展提供"保姆式"服务。深化"亩均论英雄"改革,出清亩均税收在万元以下的低效企业,实现工业企业绩效评价全覆盖,提升工业经济密度、企业竞争力和亩均产出,实现倒逼求强,推进工业企业转型升级,促进产业结构优化。

第五节
长期积累焕发生机——诸暨环保小镇

诸暨市环保产业历史悠久,但并没有成为主导产业,随着环保要求的提高,诸暨市环保产业产值极速增长,环保小镇成为产业强镇。浙江省绍兴市诸暨市积极培育和创建特色小镇,其中申报绍兴市特色小镇获批八个,分别是诸暨袜艺小镇(大唐镇)、诸暨珍珠小镇(下山湖镇)、诸暨平安小镇(枫桥镇)、诸暨环保小镇(牌头镇)、诸暨香榧小镇(赵家镇)、诸暨智造小镇(店口镇)、诸暨水韵小镇(五泄镇)、诸暨同山烧小镇(同山镇),2017年开始对八个小镇投资200亿元,进行培优发展。诸暨环保小镇入选2015年度浙江省级特色小镇培育名单,入选2017年省级特色小镇创建名单。

一、诸暨环保小镇长期发展环保产业

诸暨环保小镇位于浙江省绍兴市诸暨市牌头镇。诸暨市东接绍兴市区,南邻义乌,北邻杭州,处于浙江中北部,交通区位优越。诸暨市是历史名城,越国故地、西施故里、古越民族聚居地。诸暨市牌头镇是一个历史古镇、交通重镇、经济强镇。牌头镇在诸暨市南部,素有"婺越要冲"之称。杭金衢高速、绍诸高速、杭长高铁等三条高速穿城而过,浙赣铁路、03省道东复线纵贯全境。

诸暨市牌头镇的环保产业发展历史长。牌头镇是浙江省省级中心镇,工业基础深厚,20世纪70年代就开始生产环保产品,环保产业发展已经有40多年的历史,现在已经成为省级环保基地。牌头镇环保装备企业多,拥有各类环保企业43家,其中上市企业2家,高端环保装备制造企业28家,省级和国家

级的高新技术企业4家。牌头镇环保产业产值超过150亿元。诸暨市的主导产业之一是环保产业。近年通过创新发展正在发生深刻变化,环保产业集群规模效应更加明显。

诸暨环保小镇有良好的基础。诸暨环保小镇前身为"环保产业示范园区"。牌头镇有浙江省第一个"环保产业示范园区",占地面积3500亩。园区内有环保类企业35家,其中年销售额超亿元的有7家。2015年3月,牌头镇启动环保小镇建设。

诸暨环保小镇规划。规划用地:规划区域3.51平方千米,建设用地5000亩,总投资55亿元。发展目标:以现有的产业集群优势为基础,建成中国节能环保产业基地,浙江省节能环保示范小镇,环保和新能源技术、产品、产业创新基地。规划布局为"一核五区"。"一个核心"是指中国环保智能创新的核心,具有环保技术研发、环保人才培训、环保产品设计和环保一体化服务等功能。"五区"是指环境体验展览与自然观光区块、家居设备和环保新材料区块、节能循环经济区块、高端环保装备研发生产区块和生活配套服务区块(包括小镇客厅)。环保小镇管理运营:牌头镇人民政府和浙江菲达环保科技股份有限公司联合投资,浙江菲达环保科技股份有限公司负责管理和运营。[①]

二、诸暨环保小镇带动了环保产业发展

(一)产业基础雄厚

诸暨市是中国百强县,浙江省首批科技强市,2013年福布斯中国最富有的10个县级市榜单中排第二名。诸暨市的工业支柱产业有机械制造、纺织服装、建筑材料、化工医药、包装材料等,机械制造业中环保设备生产在浙江省居于优势地位。诸暨市环保设备和环保产品产值大,约占绍兴市产值50%,占浙江省产值的25%,全国产值的3.3%。诸暨市环保产业拥有完整的产业链,能够开发、设计、生产除尘设备、输灰设备、脱硫设备、污水处理设备等高

---

① 《诸暨环保小镇:建成中国节能环保产业基地》,《杭州日报》2016年3月30日第12版。

新技术环保产品。诸暨市环保小镇被列入浙江省高新技术产业基地。

（二）龙头企业领衔发展

在经济发展进入转型升级的时期,国家提出"打赢蓝天保卫战"的战略,严格执行尾气和废气排放标准,环保产品和设备需求量激增,环保产业进入了黄金发展期。龙头企业在产能、技术研发、产品创新、资金、人才等各方面有压倒性和引领发展的优势。环保装备行业龙头企业浙江天洁环境科技股份有限公司耗资5000万元成立工业大气污染治理装备设计研究院,开展环保科技研发,为工业污染、大气污染治理提供整体解决方案。菲达、天洁、信雅达等三家上市公司在大气污染治理设备领域保持较强的技术优势,其水处理等研制生产能力居于全国领先地位。龙头企业集聚可以形成集群优势,从而在人才、资源和研发等方面实现资源共享,既提升了小镇产业链的核心竞争力,也促进了小镇产业链的良性竞争发展,同时提高了小镇建设的成功率。

（三）建设带动了产业体系提升

诸暨环保小镇是浙江省的第一个环保特色小镇,实现"三园三区"总体规划:菲达环保博览园区、天洁循环经济园区、环保智创园区的"三园"总体规划,科创孵化区域、中心服务区域和绿色生活区域的"三区"总体规划。环保企业产值和产能快速提升,从工业应用领域转向民用领域,向节约能源和发展新能源方向转型。诸暨环保小镇产业发展带动牌头镇产业转型,由高端环保制造业向一体化产业体系提升,提升制造能力、研发能力、设计能力、服务能力和孵化能力。

（四）牌头镇公共服务升级

牌头镇行政服务中心推出"不用跑"自助服务和"零上门"服务。其整合了牌头镇行政服务中心窗口功能、公安、市场监督管理、社保、生活缴费以及越牌头微信公众号等政务网查询功能,通过微信公众号和App,可以办理部分行政审批事项和查询相关信息。推出"最多跑一次"审批项目清单,行政服务中心"一窗受理"业务项目近40项。这大大提高了公共服务的办事效率。

第六节
发展环保新材料——衢州锂电材料小镇

锂电材料是新能源、新材料,是科技攻关和产业发展的重点,衢州市着力于此,集聚资源重点发展。衢州市的衢州锂电材料小镇、柯城新材料小镇、衢江光导小镇同时入选浙江省级特色小镇第三批培育名单,其中衢州锂电材料小镇入选浙江省级特色小镇第四批创建名单。新材料产业成为近年来衢州市产业发展新重点,带动了衢州产业的跳跃式发展。

一、衢州锂电材料小镇定位清晰

衢州锂电材料小镇位于浙江省衢州市衢州国家高新技术产业开发区,开发区集聚了巨化集团、元立集团、华友钴业、晓星集团等大型企业,形成了绿色产业集聚区。

衢州锂电材料小镇规划:锂电材料小镇总规划区域3.09平方千米,呈"一核三区"布局,总投资62.78亿元。"一核"是占地面积0.11平方千米的小镇综合服务核心区,由小镇客厅、旅游服务中心、科研孵化器等为核心,服务小镇的生产和生活的区域。"三区"是指占地面积2.98平方千米的锂电产业区、配套产业区、商业服务区。[①]

衢州锂电材料小镇发展目标定位。产业发展核心:锂电新材料。发展目标:集聚锂电材料产业高端要素,智建锂电材料产业创新"金名片"。投资计

---

① 王继红、周卓芳:《衢州锂电材料小镇打造全生命周期产业链》,《衢州日报》2018年11月9日。

划：到2020年，目标投资总额50亿元，总产值130亿元，锂电产业投资占比七成以上。[①]

衢州锂电材料小镇实施分期建设计划。围绕锂电材料主导产业，分三期有序推进小镇建设。第一期主要项目：小镇客厅、锂电科技公园、蓝然环境科技、华友办公楼、华友科创中心、华友公园等项目。第二期建主要项目：晓星集团（韩系企业）二期工厂、衢州华友新材料公司锂电新材料二期工厂等。第三期主要项目：锂电新材料厂、园区服务中心、配套园区。

二、衢州锂电材料小镇专业于细分领域

衢州锂电材料小镇致力于新材料中锂电材料这一细分领域，做细做精，而后做大做强。

（一）集聚了锂电材料相关的科技企业，打造锂电材料全生命周期产业链

小镇是从单个企业发展到产业，从产业发展到特色小镇，在衢州绿色产业集聚区崛起的小镇。小镇创建有雄厚的基础，目前已经集聚了比亚迪、天津巴莫、湖南瑞祥、索尔维、晓星、三星SDI、LG、韩国浦项等一批知名企业和客户群。小镇以龙头企业衢州华友钴材料有限公司为引领，集聚专业从事LED显示屏开发、生产、销售的高新技术企业华海集团、华金新能源材料（衢州）有限公司、衢州华友资源再生科技有限公司，从事电子化学品三氟化氮研发生产和销售的晓星新材料科技（衢州）有限公司、杉杉股份（兼具钴酸锂，三元正极、负极材料，电解液以及新能源汽车运营的企业）等企业，打造锂电材料全生命周期产业链，包括钴冶炼产业、正极材料和负极材料生产、电解液、隔膜和电池包生产、电池生产和电池回收等。

---

① 王继红、周卓芳：《衢州锂电材料小镇打造全生命周期产业链》，《衢州日报》2018年11月9日。

（二）发展锂电池回收业务

随着锂电池使用的广度和数量的增加，废旧锂电池回收市场非常大。小镇企业已经与国内知名电池生产企业和新能源电动汽车企业合作，建立稳定的合作关系。

（三）加强资源布局

控制锂电材料上游资源，钴原料自给率保持50%以上，增加国际上特别是非洲资源储量。拓展下游市场，整合电池新材料及配套项目，整合下游客户。开展战略合作，开拓持续性业务市场，和东风、北汽、众泰、万向等新能源汽车厂商开展锂电池综合回收利用项目合作。

（四）鼓励企业开展技术研发和人才储备

建设创新服务综合体，发展氟硅钴新材料产业。开展技术工艺创新，推动企业与中国科学院工程研究所合作。创新人才渠道，引进行业海外高层次人才，培养内部人才，设立"科创飞地"（在异地设立科创中心）。小镇已经引进和建成省级重点研究院、国家级研发中心等4家科研单位。

（五）用足用好政策

衢州市实施创新驱动发展战略，加大对科技型企业扶持力度，出台《衢州市人民政府关于推进创新驱动加快绿色发展的若干政策意见（试行）》，给予国家火炬计划重点高新技术企业50万元奖励，给予市级以上高新技术企业10万元奖励。同时鼓励科技型中小企业加大科研经费的投入，对上年度研发投入占销售收入3%以上且比上年增长5%以上的，按研发投入额的3%给予单个企业最高不超过100万元的补助。2017年科技部火炬中心公布的2017年高新技术企业名单中，衢州锂电材料小镇3家入选，小镇按照相关文件积极兑现政策措施。

第四章　文创旅游特色小镇

　　文旅产业在改革开放后快速发展，各地争相挖掘文旅资源，从文化旅游、休闲养生产业分得一杯羹。2018年省级特色小镇创建名单中有24个旅游类小镇，省级特色小镇培育名单中有14个。创建名单中的24个小镇有12个在2018年9月《关于2017年度省级特色小镇创建和培育对象考核情况的通报》中被评为良好以上。进入省级特色小镇创建名单(2018)中的24个旅游类小镇分别是淳安千岛湖乐水小镇、建德航空小镇、象山星光影视小镇、文成森林氧吧小镇、嘉善巧克力甜蜜小镇、武义温泉小镇、龙游红木小镇、常山赏石小镇、开化根缘小镇、普陀沈家门渔港小镇、朱家尖禅意小镇、仙居神仙氧吧小镇、上城南宋皇城小镇、宁海森林温泉小镇、杭州湾滨海欢乐假期小镇、长兴太湖演艺小镇、安吉天使小镇、柯桥酷玩小镇、杭州湾花田小镇、天台山和合小镇、莲都古堰画乡小镇、景宁畲乡小镇、云和木玩童话小镇、青田千峡小镇。淳安千岛湖乐水小镇等前12个小镇在2017年度考核中被评为良好以上。

第一节
挖掘资源卖点——淳安千岛湖乐水小镇

挖掘文化旅游资源,有利于促进当地经济发展。而很多地方旅游资源有限,并不足以支撑产业发展,淳安县在旅游资源的基础上拓展项目,把资源要素作用最大化。千岛湖乐水小镇是在水下狮城的基础上做延伸项目,取得了良好效果。千岛湖乐水小镇入选2016年省级特色小镇第二批培育名单,入选2018年省级特色小镇第三批创建名单。

一、淳安千岛湖乐水小镇围绕"水"发展经济

(一) 淳安千岛湖乐水小镇的生态资源

悠久的人文历史和丰富的生态资源。杭州市淳安县历史悠久,生态环境资源和旅游资源丰富,属于浙江省生态保护重要地区。淳安于208年设县,1131年改淳化县为淳安县。淳安千岛湖是新安江水电站建成后形成人工湖泊,新安江水电站是1959年新中国第一座独立自主设计建造的大型水电站。千岛湖有1078个岛屿,湖区面积573平方千米,被称为"天下第一秀水",是全国最大的森林公园,是国务院首批国家5A级旅游景区。

"秀水富民"战略。淳安县人均GDP在杭州市县市区中是最低的,由于是旅游城市,所以基础设施、人居环境都是比较好的,人均生活水平却是高的。浙江淳安经济开发区是2006年通过国家发改委审核保留的省级开发区,是淳安工业经济的核心地区。淳安曾经提出"生态立区、工业兴区、科技强区"发展思路,形成了以纺织服装业、先进制造业、高新技术产业等优势产业,出现

了一批明星企业,如食品饮料业优秀企业有农夫山泉股份有限公司、千岛湖啤酒有限公司、绿盛食品有限公司等;纺织服装业优秀企业有淳安县新兴纺织有限公司、杭州卓尔纺织有限公司、浙江强强实业有限公司;先进制造业优秀企业有康盛股份有限公司、杭州永通电缆有限公司、杭州创先机械制造有限公司;高新技术产业优秀企业有杭州紫光网络技术有限公司、赛伯乐科技有限公司、万豪科技有限公司、杭州美澳生物技术有限公司等。随着转型发展的需要,淳安县坚定"绿水青山就是金山银山"道路,深入实施"秀水富民"战略。这为淳安千岛湖乐水小镇建设发展提供了社会和政策环境基础。

文化旅游业发展成为淳安千岛湖乐水小镇主导产业之一。改革开放之初,千岛湖旅游业就率先崛起,产业基础雄厚,形成了休闲度假产业集群,开发了开元千岛湖度假村、杭州千岛湖乡村俱乐部、金紫天域度假村、喜来登酒店、希尔顿酒店等一批知名的度假村和酒店。

(二)淳安千岛湖乐水小镇出线的优势

淳安千岛湖乐水小镇选址在淳安县姜家镇。姜家镇地处淳安西南45千米处。姜家镇离县城虽然比较远,但是姜家镇有三个优势:第一是得天独厚的山水资源,背山临水,山青水碧,环境优美。第二是悠久历史和浓厚文化底蕴。姜家镇存有瀛山书院、康塘百琴楼等众多文物古迹,宋代著名理学家朱熹曾多次到姜家讲学会文,有历史文物古迹、人文气息、文化故事。第三是水下有闻名遐迩保存完好的千年古城——狮城,这是独一无二的。

千岛湖乐水小镇的王牌就是水下古城狮城。据《淳安县志》等史料记载,1959年兴建新安江水电站时,29万多淳安人移民外地,新安江流域内的两座古城也被淹没在水下,其中淳安贺城基本损毁,遂安狮城却保存较好。潜水爱好者在一次潜水中偶然发现了古狮城。潜水员们惊奇地发现,古狮城的房子的木梁、楼梯、砖墙和众多牌坊并未腐烂,依然耸立。有的大宅院的围墙完好无损,房内仍是雕梁画栋,清晰可见,鱼儿在雕梁画栋中穿梭。《国家地理》刊发的一组水下古城图片,把美丽传奇的古狮城带入大众视野,于是潜水游览水下古狮城成为旅游的金名片。

文渊狮城重现古狮城。文渊狮城是在地上仿照水下狮城复原建设,2016

年开园的文渊狮城有两个特点：一是试图复制呈现1400多年前的古遂安狮城；二是提升文化体验，成为国内首个非遗生活体验基地。古狮城复原部分以古街为线，老街东大街和北大街贯穿整个时期的形态、服装、雕塑、古文。其中忠义坊、父子传芳坊、盱江循良坊、禹门三级坊、科甲联登坊等7个古狮城牌坊，展现了中国江南牌坊文化。600多米的小巷纵横，由徽派建筑、老石板、旧门板、白墙灰瓦构成。分布在大街小巷之中的独栋徽派建筑独具特色，从名字上可以看出其徽商主人从事的行业。非遗生活体验主要是体验茶桑文化。在茶叶人家，游客可以亲自体验从茶叶新叶采摘到炒茶翻炒，再到茶道泡茶，直到喝到亲手制作的新茶。丝绸人家提供养蚕缫丝体验，游客感知从蚕到丝的历程。[1]

(三) 千岛湖乐水小镇以"水"为核心打造经济生态

千岛湖乐水小镇规划定位为"乐享千岛秀水"。根据淳安县县域规划、旅游业发展规划、空间总体规划、"十三五"发展规划等上位规划，千岛湖乐水小镇要体现"绿水青山就是金山银山"的发展战略，以"水"为中心元素，按照"水下＋水上＋水岸＋水畔"多位一体打造水主题产业空间，发展亲水运动休闲产业、水上民俗体验、涉水文创产业及养生健身产业，形成以狮城文化为内涵，以水主题为特色的旅游小镇。

千岛湖乐水小镇按照省特色小镇规定控制规模。特色小镇千岛湖乐水小镇规划区域为3.08平方千米，0.49平方千米为水域，1平方千米左右的核心建筑面积，分成东西两个区块。小镇建设用地选择在风景区控制红线以外，严格执行环保规定和要求。

千岛湖乐水小镇规划布局为"一心(一主)、四线(四副)、多节点"，规划思路则是"一主四副"。"一个主题"就是水休闲主题，"四个副篇"分别为水运动、水养生、水文化、水生态。按照"一主四副"思想，遵照水下、水中、水上、水岸、水畔的思路布局乐水旅游项目。水下旅游以水下古城为宣传爆点，体验项目有水下狮城探秘、水下狮城观光、狮城潜水、体验水下主题酒店等。水中主打

---

[1]《千岛湖乐水小镇 从工业重镇到旅游特色小镇的涅槃重生》，《每日商报》2017年8月28日。

垂钓和禅修,建设善水乐园项目参禅静养项目。水上主打高端水上运动,开发列岛观景、山地运动、水上运动、帆船运动等项目。水岸主打善水乐园等项目。水畔主打文渊狮城项目,布局云水江南、文渊狮城、乐水营地等。千岛湖乐水小镇建成五大主打板块:狮城文化体验之旅、龙川休闲之旅、迷宫体验游、龙源农业之旅、墨香湖运动之旅。把千岛湖乐水小镇所在地姜家镇建设成为千岛湖旅游副中心和千岛湖旅游经济新的增长极,带动龙源溪、郁川溪乡村游,形成淳安全域旅游生态圈。

二、千岛湖乐水小镇建设与经济转型发展要素

千岛湖乐水小镇顺应发展绿色经济的时代潮流。第一个时代潮流是消费升级的潮流。经过改革开放40多年的发展,我国经济总体上已经从温饱经济转向小康经济,浙江已经步入富裕经济行列,消费已经由温饱消费转向文化、休闲等消费领域。第二个时代潮流是全国大力发展生态经济之路。习近平总书记提出"绿水青山就是金山银山"的理论,全国环保形势一片严格,谁能率先突破,谁就能突出重围,领先发展。第三个时代潮流是浙江经济转型升级的潮流。浙江经济已经过了野蛮增长期,低小散、高能耗高消耗低产出的产业已经被淘汰出局,浙江省开展"五水共治""三改一拆"等行动,以环境保护推动产业的转型升级,处在生态保护区范围内的县市区必然要走生态经济之路。

千岛湖乐水小镇是转型发展的断腕之举。小镇所在地姜家镇,在20世纪八九十年代还是淳安县的工业重镇。改革开放之前,姜家镇是知青下乡的据点,建有炼油厂。改革开放之后,姜家镇也走上了浙江农村工业化与被动城镇化之路。20世纪90年代初,姜家镇也跟着"村村点火、镇镇冒烟",钢铁厂、机床厂、造船厂、缫丝厂、丝绸厂、食品厂、榨油厂、造纸厂等工业企业如雨后春笋般冒出来。彼时,姜家镇只有1万多人,却有镇办企业81家,村办、个私营企业310家。企业巅峰时期的好景不长,钢铁厂、造纸厂等重污染企业排污让水变黑。20世纪90年代后期,淳安县关停并转移高能耗、重污染企业,工厂一家接一家地关门,以工业为支柱的姜家镇陷入困境。2005年,淳安县委、县

政府提出改造升级姜家镇,走转型发展之路,走绿色发展之路,发展休闲度假产业、发展新兴产业。2012年4月,中央电视台节目中播出水下狮城,随后连续5天播放水下狮城考古情况,使姜家镇一夜之间家喻户晓。2013年11月复制水下古城上岸的文渊狮城项目开工建设。至此,姜家镇走上了文化旅游发展之路。①

千岛湖乐水小镇的可持续发展尤为关键。相对于很多小镇投入大、工期长、收益慢等问题,乐水小镇特别重视效益分析,小镇的建设不能靠吃补贴和走马圈地,变相搞房地产。乐水小镇建设走的是边建设边收益的原则,充分利用资源优势,能够尽快收回投资并赢利。2018年姜家镇旅游收入超过1.2亿元。

千岛湖乐水小镇建设坚持生态优先。小镇拓展新业态和创办新企业,严格遵照环保要求,既保持小镇历史特色,又保证风景名胜区、水功能区、公益林等环境敏感区域不被破坏,让人们感受自然山水环境之美,发展生态旅游,体现生态价值。比如把原来的榨油厂、

图4-1 千岛湖乐水小镇鸟瞰图

船厂、谷仓等改建成13栋民房、40多间客房,旧造船厂改建成湖景别墅。

千岛湖乐水小镇借助千岛湖5A级风景区的优势进行整体宣传。淳安县把乐水小镇和千岛湖旅游度假区等一系列项目进行打包整体宣传,千岛湖是5A级景区,文渊狮城是4A级景区,新增2个3A级景区,构成了精品旅游度假区,全面提升了文化旅游的品牌和品质。

千岛湖乐水小镇是对原姜家镇的飞跃和提升。姜家镇由传统的原生小镇,发展成为工业小镇,随着工业的没落,重回原点,最后经过文化旅游休闲产业的对接和提升,实现了文旅文创小镇的飞跃。

---

① 鲍亚飞:《淳安姜家镇:发展的力量蕴含在绿色和诗意里》,《钱江晚报》2018年12月15日。

第二节

飞行体验造就旅游经济——建德航空小镇

通用航空在我国属于新兴的产业，是对民用航空的有力补充，具有广阔的市场前景。我国经济的发展，为通用航空提供了大量的消费群体。航空小镇建设是随着经济转型升级和消费转型升级发展而来，方兴未艾。

建德航空小镇创建于2015年，2016年建德航空小镇被列入全国首批低空旅游示范区、国家级空中游览基地、国家级通航产业综合示范区、航空飞行营地示范工程，2016年入选全国第二批特色小镇综合试点，获得"国家级青年信用小镇"称号和浙江省"全省军民融合产业示范基地"。建德航空小镇成为全国第一个基本成型的通用航空特色小镇，2017年特色小镇考核获得省市级特色小镇优秀。

一、航空小镇建设是通用航空业发展深蓝空间

航空小镇与经济发展水平紧密相关。据相关网站数据显示，全球目前共有约600个航空小镇，主要分布在美国，美国有500多个，占80%以上，其中仅美国佛罗里达州就有70多个。其他的主要在欧洲国家法国、比利时等和澳洲国家新西兰和澳大利亚。

通用航空和私人飞行在中国逐步被认知，一些通用航空企业和房地产商开始涉足这一领域，有很多城市都在计划建设航空小镇，由于该行业起步高、标准高，需要有配套的经济条件和自然环境，目前多数以发展旅游为主要目的和获利点。当前在中国，发展航空小镇的条件要求高。第一是空域限制和空域管制，第二是民用机场以及飞行相关的服务和基础设施比较薄弱，第三

是飞行的群体较小,第四是社会经济消费能力总体上还不能给飞行培训等项目提供持续的消费群体。随着我国经济的发展,中产阶级以上人员的增加,航空飞行的群众基础正在逐步增加。

国内航空小镇建设如火如荼。湖北荆门爱飞客航空小镇、浙江省杭州市建德航空小镇、贵州省平坝县(现平坝区)黎阳航空小镇、广东省珠海市三灶航空小镇、四川省德阳高新区航空小镇、山东省青岛市莱西店埠航空文化小镇、浙江省绍兴市新昌万丰航空小镇、浙江省台州无人机航空小镇等一大批航空小镇纷纷创建。

国内航空小镇的共同特点:一是发展航空休闲旅游,参观航空展览馆、体验航空文化、体验飞行、低空飞行游览;二是利用旧厂房建设航空展览馆;三是结合原来的地方文化发展综合航空旅游业;四是经济和区位条件好的逐步延伸通航产业链,综合发展通用飞机制造、私人飞机运营保障、飞行培训、维修等业务;五是和科研院所、高校联合搞科学研究和制造,形成产学研一体化。

发展航空小镇具有综合的意义。首先是航空小镇的辐射作用。航空小镇需要空域,所以一般都会选择在自然条件比较合适的农村,可以为新型城镇化开辟一条新的路径,通过发展通用航空及旅游业带动农村发展和相关产业发展。其次是可以传播航空文化。由于过去经济长期处于中低端水平,社会对航空文化了解较少,通过建设航空小镇可以推广航空文化,让更多的人体验飞行乐趣,学习航空和飞行专业知识,更多的人加入航空事业。再次是完善航空体系。通航是对民航的重要补充,可以为大众出行带来新的选择,逐步形成低中高端出行互补,完善运输体系。再有就是发展航空产业。航空小镇由航空休闲旅游逐步走向旅游和航空产品制造、航空产品研发,可以促进航空产业的发展。中国的无人机、通航飞行器等逐步进入国际市场。

二、建德航空小镇聚焦通用航空体验旅游

(一) 旅游业是建德市支柱产业之一

建德市隶属于杭州市,位于浙江省杭州西部,东接金华市浦江县,南毗邻金华市兰溪市和衢州市龙游县,西接衢州市衢江区,西北毗邻淳安县,东北接桐庐县。建德市总面积2321平方千米,境内山川秀丽,有新安江及其支流寿昌江和兰江、富春江4条较大河流及38条中小河流,是杭州市的后花园和生态保护区。建德市关停了一大批"低散乱"企业,因"机器换人"技术改造荣获省考核二等奖。建德市获评首个"中国气候宜居城市"、美丽浙江建设优秀县市,全省首个全国森林经营样板基地,旅游业成为建德市的支柱产业之一。建德千岛湖通用机场于2006年落成,是浙江省首个取得A类民用机场许可证的通用机场,是建德航空小镇的核心区域。建德航空小镇覆盖空域为千岛湖国家5A级景区,航空小镇和新安江温泉、新安江大坝、新叶古民居、古楠木森林、江南悬空寺、灵栖洞等自然人文景点结合,建德航空小镇借助旅游业的形势和航空小镇形成相互促进,通航产业和旅游、体育、健康等产业的跨界融合。

(二) 建德航空小镇发展体验旅游

建德航空小镇位于建德经济开发区。建德航空小镇原来叫建德寿昌航空小镇,交通便捷。320国道、330国道穿区而过,杭新景高速寿昌和航头两个出口靠近小镇,2018年杭黄高铁通车,"沪杭—京沪线"连接上海、温州、深圳等城市。建德航空小镇空域范围以建德千岛湖机场为中心,对接省内外十几个机场,飞行圈有100千米、200千米和300千米三个飞行圈。以建德千岛湖通用机场为例,空域为4500平方千米。

建德航空小镇按照"三轴五区"布局。建德航空小镇规划:区域面积3.57平方千米,建设面积1.39平方千米。空间总体布局:"三轴五区"布局。"三轴"即航空产业服务区块轴、航空展示与主题娱乐区块轴、航空小镇旅游体验区块轴及远航天地(航空服务与配套)、航人营地(飞行培训)、筑航工厂(航空研

发制造)、乐航小镇(航空旅游)、会展花园(航展及主题乐园)五大功能区块。航空服务区块主要有跑道、机库、停机坪,提供飞机供油、飞机维修、飞行私(商)照培训和开展空中游览服务。千岛湖通用机场是建德航空小镇的核心区域。航空制造区块主要有建德工业技校,培养无人机操控与维修专业人才。

以千岛湖通用机场为建德航空小镇的基础,规划布局航空贸易交易区、航空器组装工厂、特种飞行器研发中心、飞机零部件供应保税区等工业街区,完善航空产业链的全面布局,包括航空器飞行支持保障、飞机驾驶执照培训、飞机及航空器托管作为服务内容,建设以航空工业园为中心的"航空之乡""航空小镇"。航空休闲旅游区块有横钢工业遗址,设置工业和民俗博物馆、商务办公楼和餐厅灯。五大区块打造"通航航空培训、航空地面体验、温泉健康养生、创新创业、横钢工业"五大特色文化,形成生产、生活、生态三区融合和文化、产业、旅游、社区"四位一体"综合特色小镇。

投资建德航空小镇重点项目。建德航空小镇投资了很多重点项目,其中有投资5亿元的通航产业总部、投资20亿元的恒大五国风情馆、投资1.8亿元的梦幻生态自然城。建德千岛湖通用机场进行改扩建,机场跑道延伸至1200米。梦幻生态城占地58亩,是集海洋文化和森林文化于一体的主题公园,海洋公园拥有水深达8米的两层水族缸的国内最深大型海水缸体,森林公园打造拥有考拉、梅花鹿等动物的亚热带雨林世界。

建设横钢纪念馆。增加小镇的文化元素,对原国家冶金部直属横山铁合金厂区进行改造,设立横钢纪念馆,对原来的厂房进行保护性开发,保留了横山铁合金厂的历史,也增加建设航空博览馆、航空科普体验中心,增加了航空旅游项目。

(三) 建德航空小镇运营发展

最成功的通用航空小镇机场。建德航空小镇内千岛湖通用机场是空域范围广、入驻企业多、运营最为成功的机场。千岛湖通用机场已经成为华东地区配套设施最为完善、飞行最为自由(4500平方千米的飞行空域为飞行训练提供了广阔的空间)、业务最为繁忙(万丰、东华等19家通航公司入驻机场开展飞行训练和培训)的机场。千岛湖通用机场成为浙江省内唯一能够正常商业化运营并能够实现盈利的通用机场,也是华东地区最为成功的商业运营的机场之一。

高空跳伞成为建德航空小镇的爆点项目。航空小镇的配套设施和服务可以安排每天50人次的高空跳伞服务,每年有270天的服务时间,游客预约排队满额。小镇开发的系留热气球飞行已经成为华东地区规模最大的项目,直升机低空游览也受社会热捧。低空观光飞行线路把周边的景区都串联起来,组成通航空中旅游景观圈,小镇成为著名"天空之城"。

打造航空产业链。以通用航空运营为突破点,逐步延伸产业链,发展航空服务、航空休闲旅游、航空制造,构建"1＋3产业体系"。航空服务有飞行员私(商)照培训、空中救援训练、航空护林等,航空休闲旅游有空中游览、热气球飞行等,航空制造引进了无人机院士工作站,建设了低速风洞实验室,引进了零部件制造、整机组装、飞机维修等项目。

三、建德航空小镇建设与经济转型发展

建德航空小镇建设顺应了消费升级的市场需求。改革开放40多年来,我国经济水平大幅提高,但是国内居民消费在世界上还处于较低的水平。我们收入增长接近1万美元,理论上来说,1万美元属于高消费阶段,特别是中产阶级的消费在升级。年轻消费者群体增长,开始主导旅游市场,游客的核心诉求正在由风景美丽、购物消费转向美好生活、美好体验,追求"时尚"和"品质"成为旅游消费的新风尚和关键词。休闲旅游消费由以前的走一走看一看,逐渐升级到参与式、体验式、创新式、探索式等旅游休闲项目,航空旅游、冰雪旅游、博物旅游、探险旅游、体育旅游等旅游方式层出不穷,旅游市场多元化、个性化趋势越来越明显。航空旅游休闲产业属于旅游业的蓝海,全国航空小镇总体数量和质量都有待提高,建德航空小镇适应了"旅游＋时代"的趋势,其成长空间和前景非常光明。

建德航空小镇顺应了国家促进乡村旅游发展大环境,带动了建德农村经济发展。乡村旅游带动作用巨大,"乡村旅游一头牵着城市居民的消费升级,

一头牵着农村居民的减贫致富,可谓新时期供给侧改革、放管服改革和区域发展、减贫致富等重大举措的叠加领域"。[1] 2017年国家发改委、财政部、旅游局等14个部门联合发布《促进乡村旅游发展提质升级行动方案(2017)》,增加对乡村旅游的投资,扩大乡村旅游消费,带动农民收益。建德市在杭州市县市区中属于经济发展相对滞后的区域,GDP在全省县市区中排名也比较靠后,但是建德又属于生态保护的重点区域,适合发展新经济产业。航空休闲旅游产业属于资源消耗小、环境污染小的清洁的文化旅游产业,符合区域经济发展规划和实际的需求。建德航空小镇建设改造了横山铁合金厂原来的厂址,给原来的钢铁生产基地带来了生机,带来了就业,促进了经济的转型升级。

建德航空小镇建设发展了新经济。航空小镇不仅发展通航旅游、通航服务,还引进科研机构、引进通航制造业,开展通航科技研究和航空零部件制造,发展通航全产业链,发展航空旅游、服务、制造新经济,填补了原来钢铁企业关停后的产业发展空间,实现了腾笼换鸟和转型升级。

---

[1]《国家发改委"四突出"推动乡村旅游提档升级》,https://www.sohu.com/a/158589109_753478。

第三节
发展食品工业旅游——嘉善巧克力甜蜜小镇

巧克力食品工业旅游是利用人们对巧克力及巧克力文化的喜爱而发展的文旅产业,嘉善巧克力小镇"无中生有",演绎了传奇。嘉善巧克力甜蜜小镇的核心项目是歌斐颂巧克力小镇,小镇2015年入选浙江省首批服务业特色小镇。2016年5月,嘉善巧克力甜蜜小镇被评为"省级示范特色小镇",考核中被评为"2015年度优秀小镇"。2017年小镇被正式授予国家4A级旅游景区称号。2017浙江旅游总评榜中,西塘镇荣获"年度魅力旅游风情小镇",西塘古镇景区荣获"年度旅游景区人气奖",歌斐颂巧克力小镇获得"浙江省2017年度旅游景区人气奖"。2017年度省级特色小镇创建和培育对象考核中被评为优秀,2018年入选省级特色小镇创建名单。

一、嘉善巧克力甜蜜小镇聚焦食品工业旅游

(一) 嘉善巧克力甜蜜小镇的区位优势

嘉善巧克力甜蜜小镇选址于浙江省嘉兴市嘉善县大云镇,位于浙江大云旅游度假区范围之内。大云镇位于嘉善县南端,区域面积28.7平方千米,总人口3.5万人,是典型的江南水乡。大云镇注重保护和利用自然环境资源,先后获得全国文明镇、国家生态镇、国家园林城镇、中国鲜切花之乡和省级旅游强镇、省级森林城镇等荣誉。

嘉善巧克力甜蜜小镇交通位置优越。嘉善县距离上海和杭州较近,被称为"沪杭后花园"。嘉善巧克力甜蜜小镇距离上海市区约68千米,距杭州市区

约95千米,距苏州市区约110千米,处于上海和杭州一小时交通圈内。嘉善巧克力甜蜜小镇距离著名古镇西塘只有半小时车程。

(二) 嘉善巧克力甜蜜小镇格局定位

嘉善巧克力甜蜜小镇是由歌斐颂巧克力小镇发展而来。小镇是由斯麦乐集团(现歌斐颂小镇集团)投资打造的省级重点项目,是国内首家巧克力主题乐园,园区有巧克力生产、巧克力研发、巧克力制作展示和体验、休闲旅游度假。小镇巧克力于2014年2月投产,小镇第一期旅游项目于2014年10月对外开放。2015年成功入选省级第一批特色小镇。

嘉善巧克力甜蜜小镇规划定位:以巧克力文化为核心,从巧克力生产延伸发展文化、旅游、休闲、文创等产业,形成"巧克力工业＋文创＋休闲＋旅游"的综合经济体。

小镇规划区域面积3.87平方千米,小镇核心区域占地0.99平方千米,总投资55亿元。小镇规划建设六大类项目,分别是巧克力工业生产区和体验旅游示范区、歌斐颂巧克力主题公园、巧克力产业支援园区、云澜湾休闲度假园区、天洋梦幻东方巧克力世界、十里水乡休闲配套区。已经建成的项目有:歌斐颂巧克力制造中心、歌斐颂巧克力小镇体验区、歌斐颂巧克力小镇特色街区、歌斐颂巧克力婚庆园和玫瑰庄园、儿童乐园、歌斐颂巧克力影视城、歌斐颂巧克力文化创意园、歌斐颂巧克力养生度假区、休闲农业观光园(可可文化园、蓝莓观光园)、游客接待中心等。

图4-2　歌斐颂巧克力小镇规划图

（三）嘉善巧克力甜蜜小镇的由来①

父子两代事业交接催生二次创业。歌斐颂巧克力小镇集团董事长莫国平也是浙江恒丰包装有限公司董事长，他儿子莫雪峰大学毕业创业时明确表示不想接包装公司的事业，想在巧克力事业方面做出点成就，父亲尊重儿子的选择，决定支持儿子，也同时开启了自己的二次创业之路。

确定巧克力小镇是一个工业旅游的好项目，父子组建了团队，花了两年时间，先后考察了瑞士、比利时、德国、荷兰、美国等十几个国家，几十个项目，包括巧克力工厂、巧克力博物馆、工业旅游项目等。他们在美国波士顿的一个巧克力小镇，看到品尝巧克力和参观巧克力生产工艺与流程的工业旅游人山人海的场面，对巧克力工业旅游充满了信心。经过对全球巧克力市场、巧克力文化、巧克力工厂生产、巧克力工业旅游、巧克力科研及发展模式等多方面详细考察和调研后，他们决定在嘉善大云镇落实巧克力小镇项目。

2012年10月，歌斐颂巧克力小镇开始正式筹建，历经14个月，完成筹建工作，并正式投产。2014年10月，歌斐颂巧克力小镇对外工业旅游正式开放。2015年9月30日，歌斐颂巧克力成功挑战世界吉尼斯纪录，并创造了世界上最大的巧克力雕塑。2015年11月，歌斐颂巧克力小镇获得国家工商总局认可成立中国第一个以小镇命名的公司——歌斐颂巧克力小镇集团有限公司。

巧克力小镇主打瑞士品牌。生产线从瑞士进口，投资2亿元，采用国际一流的制造工艺。采用最优质的可可原料，可可豆则从科特迪瓦和加纳进口，以确保巧克力产品的高端和优质。小镇建筑采用欧式风格，营造欧洲氛围，引导游客体验欧洲巧克力文化。

巧克力甜蜜小镇拓展工业旅游内涵。小镇最初准备建一个花园式的巧克力工厂，开放一个参观通道。随着项目深入，拓宽了思路，决定建成一个现代化巧克力生产基地，集巧克力生产、研发、展示、体验、文化、游乐和休闲度假于一体，建成一个巧克力工业旅游之地，建成一个现代文化创意产业之地。

---

① 云组轩：《歌斐颂巧克力小镇"缔造者"：父子上阵 打造一生挚爱》，http://www.fgdjw.gov.cn/rw/201901/t20190114_9245506.shtml。

在欧洲生活体验区,不仅有各种巧克力DIY的体验,还有咖啡馆、红酒馆、油画馆等,小镇开通小火车,游客可以乘坐小火车观光。

二、嘉善巧克力甜蜜小镇工业旅游的成功要素

嘉善巧克力甜蜜小镇建设已经取得了极大的成功。2014年开园至2018年底,接待游客累计超过200万人次,2017年小镇巧克力销售额突破1亿元。小镇的成功建设和运营得益于以下几个方面。

(一)市场化运营,拉长工业旅游产业链

特色小镇由政府引导,企业主导,嘉善巧克力甜蜜小镇由歌斐颂巧克力小镇集团投资、建设和运营。小镇的主营收入也由巧克力工厂生产,拓展到巧克力生产旅游、巧克力生产体验、巧克力文化创意、巧克力生活社区生活、婚庆、农业休闲等多方面。

成功的中国工业旅游小镇不多见,普遍存在着项目单一,缺乏留住游客的项目,只靠门票销售收入单一等问题。小镇以甜蜜为主题,以浪漫为元素,围绕巧克力、婚庆、水乡、温泉、华海、农庄等元素,打造"旅游＋工业＋文化＋休闲＋农业"的模式,通过整合资源、组合项目、融合产业,推动旅游产业发展。盈利构成多元,由"巧克力产业收入＋巧克力销售收入＋甜蜜小镇门票＋旅游经营收入"组成。

(二)工业旅游引入最新科技提升吸引力

工业旅游要体现工业特色,现代科技成果也是旅游的品牌特色。小镇在2018年与科技公司合作,推出巧克力3D打印服务,可以在个性化体验、小批量定制、艺术形态等方面为客户带来全新体验,实现打造"美食＋科技"的宣传热点和新的零售突破。引进两台巧克力3D打印机,游客通过扫码、选图、打印,就可以亲手制作属于自己创意和想象的巧克力,增强了游客的巧克力甜蜜体验感。引入"互联网＋"模式。互联网信息经济作为其中极为重要的一个枢纽环节,形成别具一格的产业动态发展模式。巧克力工艺制造与巧克力

工业旅游进行了深度融合,为产业的转型升级提供了一套切实可行的创新发展的有效思路。在小镇里,游客观看巧克力工艺的生产过程,免费品尝刚制造出来的新鲜巧克力,给消费者讲解关于巧克力的一些常识,丰富消费者的阅历和知识。新型的工业旅游方式会使消费者在轻松愉快的气氛中加深对歌斐颂巧克力的品牌认知感与认同感,极大提升歌斐颂巧克力小镇的知名度。

(三) 发挥小镇的叠加功能

充分发挥特色小镇功能叠加的作用,产业融合,优势互补。特色小镇起到了产业综合体的作用,小镇的核心区块浓缩了巧克力先进制造、巧克力文化、甜蜜文化和休闲娱乐文化,制造业和体验式旅游业无缝衔接。小镇走时尚工业旅游之路,组合多种文化形态。注重生态文化。按照5A级景区标准营造小镇生态,把田园风光和自然乡村景色转化为产业元素。培育时髦婚庆文化。发展婚庆产业,发展婚庆风情街、摄影、策划、婚庆婚纱设计、蜜月度假等。培育异域文化。引入瑞士巧克力品牌、生产线、生产工艺,拓展国内普通游客的视野和增强巧克力文化体验。在文化展厅里将可可豆展现出来,详细介绍各个地方的可可豆,同时提供可可豆的实物供游客观赏、体验。以视频的方式展现可可豆的生长与采摘过程,这既丰富了游客的阅历和知识,同时也让游客感受了不同国度的文化体验,满足了游客的新奇感文化消费需要。养生文化。充分利用小镇的一个温泉,把温泉和养生结合起来,延伸温泉产业链。正是特色小镇产业、文化、旅游和社区的全方位功能叠加,搭起了巧克力食品和文化体验的供给平台,企业善于捕捉未来年轻人的需求,用特色小镇打造放心安全的消费环境和浓厚的巧克力消费文化氛围,着力打造巧克力消费新供给。

(四) 加强小镇的宣传推广

入选省级特色小镇创建名单后,小镇采取了多种方式进行立体式推广。一是开展社会活动。开展一系列特色小镇活动,积极开展营销,如挑战世界最大巧克力雕塑吉尼斯世界纪录,举办巧克力文化沙龙,召开新闻推介会,等等。2015年9月30日,歌斐颂巧克力成功挑战世界吉尼斯纪录10.187吨,并创造了世界上最大的巧克力雕塑。二是开展招商合作。积极向外招商推介小镇,开展海外战略等。和科特迪瓦方面合作,在小镇内建设科特迪瓦文化展览馆和可可森林。

(五)保证巧克力产品高品质

从生产源头保证高端、优质、一流的产品。从非洲的加纳和科特迪瓦进口可可豆,该地区出产的可可豆拥有世界上较高的品质。小镇巧克力生产线从瑞士进口,拥有国际一流的巧克力生产工艺。小镇巧克力从原料购入、产品生产、成品包装到精品出售都保证高品质,高端、大气的品位与格调,也成为国内唯一一家拥有自主生产线的巧克力厂商,这些无形中为巧克力产品本身附加了更多的价值,更凸显了歌斐颂巧克力的优质品质。

(六)开展产品创新

小镇加强巧克力产品研究和创新,研制出水果巧克力等新品,其中符合大众口味的蓝莓和草莓两种口味水果巧克力广受欢迎。随着小镇步入正轨,巧克力销售量上升,小镇鼓励周围的农户大规模种植草莓和蓝莓,从而为水果巧克力的生产提供充足的原料,也推动当地农业旅游的发展,同时农家乐、田园小镇也迅速成长起来,最终促进当地经济的可持续发展。这种农业水果种植、巧克力产品制造、工农业旅游三种产业相结合的商业模式,顺应了五大发展理念,企业在制造和服务环节的投资对周边社区和其他产业产生了外溢,实现区域经济结构优化。

(七)政府为小镇打造整体性平台

政府引导特色小镇建设,为小镇打造一个综合的发展平台,整合社会各类资源,为之拓展发展空间。特色小镇打造了开放性、整体性平台。省委、省政府为特色小镇建设推出支持打造综合体平台的配套政策。在特色小镇政策的支持下,一期的工业项目和二期的服务业项目才能无缝对接,二、三产业才能无缝融合。嘉善县还创造条件,打造小镇综合平台,建立企业共建共享外部经济综合体。整合巧克力小镇、温泉小镇、花海小镇、特色农业小镇,共享省级旅游度假区的外部环境,共同开拓和分享客源市场,共享整体的优势。

(八)"二次创业"和国际视野相结合

嘉善巧克力甜蜜小镇的创建是浙江第一代创业者"二次创业"和创二代携手共进、完美合作的典范。创业者要有创新思维和全球视野,特别是改革开放后一批创业者都有海外求学经历或者与海外合作的经验,对国外新型的产业发展模式有着较为深刻的理解与认识,具备经济全球化的视野,思想观念上也有了开放、创新等思想。政府也鼓励大众创业创新,并为之提供了优惠的扶持政策,整个社会大环境支持创业创新,特色小镇就有了生长的土壤和空间。

第四节
影视旅游业中突起——象山星光影视小镇

影视文化产业是无烟工业,资源消耗少,经济效益高,全国十大影视基地成为当地经济发展的起动机。象山县发展影视产业,走出"无中生有"的传奇。象山星光影视小镇在2018年9月《关于2017年度省级特色小镇创建和培育对象考核情况的通报》中省级特色小镇创建对象考核结果为优秀。经过多年的发展,象山影视城已经跻身于全国十大影视基地之列。

一、象山星光影视小镇聚焦影视旅游

(一) 象山星光影视小镇突出影视特色

象山县是浙江省宁波市下辖的一个县,象山县位于象山港与三门湾之间,三面环海,拥有两个港口。春秋时,象山为越国鄞县。706年唐朝设立象山县。因县城西北有山像是卧倒的大象,所以叫象山。象山县陆地面积小,海域面积大,分别是1382平方千米和6618平方千米。象山县海岸线为925千米,有岛礁656个,北部的象山港为著名深水良港,南部的石浦港是国家中心渔港。象山生态环境优美,有"东方不老岛、海山仙子国"之称,是全国生态示范区、首批国家级海洋生态文明建设示范区。

象山星光影视小镇位于宁波市象山县新桥镇西南郊大塘港生态旅游区。小镇距宁波市区半小时车程,距上海2.5小时车程,距杭州2小时车程。规划核心区块面积3.12平方千米,其中建设用地1636亩。小镇范围东至石浦连接线,西至金星农场,南沿纬五路含灵岙村,北至大下线。

象山星光影视小镇规划思路是"围绕电影、回归电影",以影视旅游为主导产业,以影视特色为核心,发展影视拍摄、主题娱乐、休闲度假、影视文化等产业,形成影视配套产业、影视创意产业、影迷经济产业链。经过十几年的发展,象山星光影视小镇主体象山影视城已经跻身中国十大影视基地。象山影视城被评为国家4A级景区,由江湖小镇、玄幻世界、星梦工场、武侠天地、民国城区五大区块组成。小镇目前已经形成影视文化旅游产业为核心,拓展到影视文创、影视培训、乡村休闲、婚庆度假的文化旅游体系,打造集影视旅游、影视制作、观光旅游休闲度假、影视体验艺术众创等功能于一体的影视旅游特色小镇。

象山星光影视小镇的主体区域是象山影视城。象山影视城坐落在象山县大塘港生态旅游区,背靠灵岩山,融合了山、水、岩、洞、林等自然景观。从2003年开始建设,至今建筑规模已经达到占地面积1176亩,建筑面积37万平方米,2006年被评为"全国十大影视基地"。目前年营业收入超过16亿元,门票收入超过1亿元,跻身全国十大影视基地第二名,从全国2000多家影视城中杀出重围。2003年张纪中为拍摄《神雕侠侣》开始在浙江象山新桥镇投资建设神雕侠侣城,2005年完工投入使用。象山影视城随后投资4亿多元,建成民国城和民国港城。2010年春秋战国城建成。随着影视城建筑的逐步增加,象山影视城可以拍摄春秋、秦汉、唐宋、明清、现代都市等不同时期的影视题材剧。

(二)象山星光影视小镇发展不断拓展

功能布局逐步完善。象山星光影视小镇在发展中不断升华,"一核一轴两区"的功能布局不断得到补充和完善。"一核"是指影视旅游体验核心,有已经建成的神雕侠侣城、春秋战国城、民国城、象山影视基地等,还有正在建设和规划建设的电影主题乐园、中国蓝剧场、渔丰商业区、中国海影城主题乐园等,整个区块集旅游观光、影视娱乐、度假休闲于一体。"一轴"是指中央景观轴线。在中轴线上点缀塔山文化基地、象山海洋文化基地、影视文化基地。"两区"是指配套服务区和文化创意区,由旅游集散中心、购物街区、演员公寓、影视旅游产业园区、乡村艺术众创区、影视教育培训学校、影视动漫研发中心等构成。

象山星光影视小镇持续盈利能力提升。象山影视城每年有150部影视作品在此拍摄,影视基地使用率高。入驻企业上千家,形成了完整的影视产业链和产业生态。连续多年产出热剧,为影视城带来了巨大流量,影视城门票收入年年增加,2018年超过1亿元。影视城带动周边村庄影视客栈行业,增加了几千个就业岗位。

象山星光影视小镇成为文化交流的平台。象山半岛滨海和港台人文相亲,气候相似,饮食相近,深得港台影视公司和艺人的喜爱,出产的港台题材的影视作品热剧吸引了更多的影视制作公司前来小镇拍摄作品。

二、象山星光影视小镇影视旅游经济的特色发展

(一)政策扶持影视文化产业

宁波市出台《关于扶持宁波影视文化产业区影视产业发展的若干意见》,精简审批流程,加大招商引资的优惠政策。政府相关部门和小镇、影视城共同努力创建5A级景区,创建全国知名品牌,创建示范区、浙江省级特色小镇,提高象山星光影视小镇和象山影视城的知名度和美誉度。

(二)综合性改革发展

象山星光影视小镇从顶层设计上支持影视产业的发展,提出了影视管理工厂化、影视合作联盟化、影视拍摄国际化、影视资产证券化的发展思路,引导影视文化产业的发展。

(三)产业链配套发展

整合影视城、影视小镇及影视产业区的资源,形成产业发展优势,形成局部竞争优势。影视拍摄是影视基地核心竞争力之一。小镇不仅有全国首家高科技数字摄影棚和全国最大的水下特效摄影棚,还开辟了王家兰、灵岩山、舫前竹林、大岙竹林等外景摄影基地,在新桥、定塘等地建成60多个标准摄影

棚,形成全国体量最大的摄影棚集群,形成摄影棚产业优势。在建筑等硬件设施建成的同时,文化科技等基础设施也开始投产,建成国内首个高科技数字摄影棚和全国最大的水下特效摄影棚,全国最大的道具公司"星光灿烂"公司和"朱氏兄弟"服装道具公司、国内影视器材龙头新峰公司等入驻小镇,形成完善的设备租赁优势。

(四)"互联网+"打造网红影视城

象山星光影视小镇走出传统的"影视+门票"的发展框架束缚,创新发展,成为网红影视城。积极融入互联网时代,打造"网红之夜"主题周、"明星之夜"活动。借助爱直播、小象TV、正在剧透等直播平台与粉丝互动,把影视城的民国夜游、泼水节、明星之夜等表演活动通过网络向粉丝发布网文、互动直播,发展粉丝经济。

(五)浸入式体验吸引大量游客

长影世纪城开辟了"影视+娱乐"的模式之后,很多影视城不断对此模式进行升级改造,原来影视和娱乐是分开叠加的关系,现在把影视本身发展为娱乐项目,形成浸入式影视娱乐,影视娱乐成为影视城的主打项目。象山影视城打造了四类项目,吸引了大量游客。一是文化情景浸入式体验,合成制作身临其境的体验式影视剧,如皮影戏、木偶剧、影视梦工厂等。二是组织各类参与式活动,如影视嘉年华、风筝节、踏青节、泼水节等。三是街景浸入式体验,如复原历史时期的街道、客栈、酒馆、战场等场景,配合灯光特效、声音特效。四是影视剧拍摄现场体验。游客参演影视剧某一桥段,扮演一个角色,体验演员经历和拍摄过程。

第五节
"无中生有"成经典——龙游龙天红木小镇

发掘历史经典的经济价值,促进经济发展,龙游县挖掘传统文化中的红木文化,以红木加工工业为基础发展红木文化产业,带动当地经济发展。2015年6月1日,浙江省出台《关于公布第一批省级特色小镇创建名单的通知》(浙特镇办〔2015〕2号文件),浙江省衢州市龙天红木小镇被列入第一批省级特色小镇创建名单。龙天红木小镇位于龙游县,由年年红家具(国际)集团投资兴建。由于遵循了政府引导、企业主导、市场导向的原则,小镇建设取得了良好的成效,在2017年度省级特色小镇创建和培育对象考核中被评为"优秀小镇"。

一、龙天红木小镇市场化运作

龙游县位于浙江省中西部金衢盆地,建县始于秦,夏商时为越地,春秋为姑蔑,后属越国。龙游的姑蔑文化,是越文化的源头之一,历史悠久。龙游县位于浙江、福建、江西、安徽四省交界的地方。龙游山水隽秀,人文荟萃,尤以龙游石窟闻名天下。龙游特色小镇位于龙游县湖镇镇下童村,距离龙游石窟17千米,龙天红木小镇和龙游石窟形成连线叠加的旅游优势。龙天红木小镇东西南北四至分别是龙游汽车赛事运动中心、绕城东线、衢江、龙游工业园。龙天红木小镇交通便利,有3条高速公路、2条铁路、1条省道穿境而过。3条高速公路是杭新景高速、杭金衢高速和龙丽高速,2条铁路是浙赣铁路、杭长高铁,1条省道是315省道。

龙天红木小镇是上市公司年年红集团为推动产业转型升级而投资建设

的文化产业项目。小镇原规划占地 240 万平方米，在建设中调整至 350 万平方米，其中建设用地 140 多万平方米，总建筑面积 260 万平方米，预计总投资超过 80 亿元。

二、龙天红木小镇聚焦红木文化

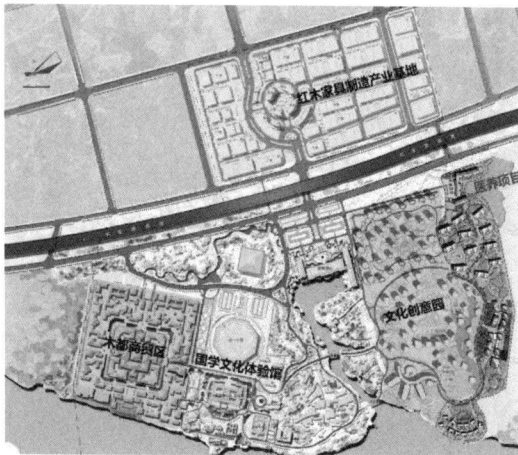

图 4-3　龙天红木小镇规划图

龙天红木小镇按照"制造基地＋文化旅游"模式，融合第二、第三产业，构建二、三产业一体化发展，实现产业转型升级。龙天红木小镇着力打造中国红木文化小镇，以红木家具制造为核心，以中国国学文化为基础，以紫檀文化为背景，集艺术观赏、文化研究、生态休闲、健康休闲于一体。

（一）以千年文化为红木小镇之魂

龙游姑蔑文化源远流长，小镇要借助和传承文化血脉，赋予自身文化内核。在硬件打造方面，红木特色小镇在规划建设中处处彰显文化气息。其建筑汇聚唐、宋、明、清建筑风格，融入木雕、砖雕、石雕等传统建筑元素，追求细节完美。雕梁画栋，翘角飞檐，精雕细琢，苏式彩绘，建筑与水交相辉映，体现出唯美的江南秀丽特色，诗情画意蕴含其内。在文化软件方面，融合商帮文化、中式婚礼文化、祭祀礼仪等传统文化要素。在建筑和文化产业打造方面，将儒释道文化融合其中，打造传统文化的体验之旅。

（二）以无形文化理念部署五大产业

龙天红木小镇走的是挖掘历史文化的路线，因此在规划时把传统文化融入小镇规划之中。总体布局由两条中轴线贯穿，即人文线和历史线。人文中轴线上有九龙汇宝乘龙送子观音雕塑、太母殿等建筑。"送子观音",是佛教文化中的一个著名故事,送子观音雕塑采用声光电的科技组合呈现佛教育人经典故事。太母殿主打文化内涵是明德、明道和明心的"三明"。历史中轴线上有红木家具博物馆、创意园区,通过家居博览展示传统家具发展历史、制造技艺,体现"文化搭台,红木唱戏"。

(三) 以红木产业为本拉长产业链

红木小镇布局主要分为四大主体区块,即红木家具制造基地、红木家居文化园、木都商贸中心、文化创意园。家具制造基地规划用地790亩,红木家具网上销售中心建设用地144亩,木都商贸中心建设用地401亩,国学博览园建设用地314亩,文化创意园建设用地280亩。至2019年总投资约80亿元。其中,红木家具制造基地36亿元,国学博览园10亿元,红木家具网上销售中心4亿元,木都商贸中心8亿元,文化创意园2亿元。小镇从红木家具制造到文化认知,再到文化创意与销售,拉长红木产业链。

(四) 以景区综合体拓展文化旅游

龙天红木小镇按照"制造基地+文化旅游"的模式要求,打造了一个文化旅游景区。2016年获得4A级景区称号,2018年开始创建5A级景区。小镇选址于衢江之畔,江水穿镇而过,形成良好的自然生态环境,依江而建,形成天人合一、自然和生态家居为一体的景区。沿衢江有用红木建造的1000多米长的沿江走廊,沿途依照从古至今设计观赏游玩区,从唐宋、明清、现代和未来依序排列。红木小镇建设了体现龙游历史文化和红木文化的4个主题功能区:紫檀风情街区、红木商贸城、滨江休闲街、步行商业街。主要建筑工程有:紫檀宫、三圣殿、志成楼、万姓宗祠、传统文化体验区、育恩堂、送子观音、太母殿、小镇观光大道、彩虹桥、沿江长廊、游客集散中心、游戏场、童心乐园、佛缘圣树酒店、表演艺术中心、生态住宅区、红木产品生产基地、展览交易中心等。龙天红木小镇还开展各种文化项目,如水上表演、室内表演、民俗表演、祭祀表演、中式婚礼表演、中医理疗、培训国学等。在推进文化产业的同时,助力旅游产业。

三、龙天红木小镇特色要素资源整合发展

龙天红木小镇之所以能够取得成效,并在《关于2017年度省级特色小镇创建和培育对象考核情况的通报》中被列为考评优秀,得益于以下几个因素:

(一)政府引导企业主导

龙天红木小镇是由县政府引导企业转型升级支持的项目,政府是引导而非主导,项目由政府进行审批,而项目的运行则由企业作为市场主体按照市场法则进行操作。在做好政府服务方面,成立项目推进联合工作组,工作组主

图4-4　龙天红木小镇滨水一角

要由县旅委、国土、发改、林业、水利、规划、交通及相关乡镇部门等抽调人员组成,一名县领导任组长专门负责,书记、县长解决协调全局问题,"一周一协调、一月一督办"。由国资公司为主体承担红木小镇基础设施和公共服务配套项目建设,抢抓国家重大产业政策调整机遇,争取国家专项基金扶持特色小镇发展。企业主导方面,该小镇是由上市公司浙江年年红家居有限公司投资建设的文化产业项目,企业自主决定项目的具体规划与运营,成本与收益归投资主体。

(二)依法依规高标准规划

红木特色小镇坚持依法依规,规划建设,走法定程序,公开透明。聘请国内一流团队编制小镇规划,有园林设计专家、古建筑设计专家、城市规划专家和旅游发展规划专家,组成了人员构成合理的专家团队。小镇坚持全域旅游发展规划、国土资源利用生态功能区规划、城市建设规划的"多规融合"规划。

（三）产业支撑共生发展

特色小镇虽然为文化产业项目,但是却有制造业作为支撑。其中红木产业制造基地是小镇的重要部分。浙江年年红家居有限公司把与公司有合作的相关企业引进基地,形成上下游完整的产业链。在规划中,预计未来的收益为制造业年销售60亿元,文化产业年产值5亿元,体现出制造业的支撑主体作用。在制造业核心的支撑下,文化创意、旅游、康养等行业相互支持,构成了一个完整的工业生态系统,实现了行业的互补、互联、共融、共生。

第六节

绿水青山就是金山银山——文成森林氧吧小镇

　　绿水青山就是金山银山，自然资源也能产生经济效益，通过发展文化旅游养生，促进地方经济发展。文成县把优秀的自然资源转化成经济资源，建设特色小镇。文成森林氧吧小镇于2016年1月28日入选浙江省发改委公布的第二批省级特色小镇创建名单，在2018年9月《关于2017年度省级特色小镇创建和培育对象考核情况的通报》中，文成森林氧吧小镇在省级特色小镇创建对象考核中结果为良好。

一、文成森林氧吧小镇发掘自然资源

　　文成森林氧吧小镇位于温州市文成县。文成县是浙江省温州市下辖的六个县之一，县名来源于明朝开国元勋刘基（刘伯温）的谥号"文成"。文成县位于浙江省南部山区，境内以山地、丘陵为主，有原始森林面积1.2万亩，被称为"八山一水一分田"。

　　文成森林氧吧小镇位于文成县西坑畲族镇和铜铃山镇的城乡接合部。距离县城约25千米，距离温州市区约85千米，距离杭州约270千米，属于杭州三小时交通圈。小镇距离高速入口约70千米，距离高铁站也约70千米，距离机场约100千米，是远离喧嚣的城市。

　　文成森林氧吧小镇规划区域5.2平方千米，总投资41.3亿元。小镇有东西两大区块九大项目。两大区块是天圣山区块、铜铃山区块。天圣山区块有4个主题项目——天圣山文化园、菩提隐修谷、三文书院及中华健康养生城，围绕安福寺一带展开。位于天圣山的安福寺有1000多年历史。铜铃山区块

图4-5　文成森林氧吧小镇规划图

有5个主题项目：天鹅堡小镇、绿水尖滑草滑雪场、清心谷风景区、猴王谷风景区、月老山风景区等。

　　文成森林氧吧小镇发展目标：该镇致力于发展综合型旅游休闲产业，整合健康与养生业、森林旅游业、休闲度假旅游业、文化创意业和时尚体育业。计划到2020年底完成投资30多亿元，把天圣山安福寺区块建设成为5A级景区，年接待旅游客220多万人次。2019年，文成森林氧吧小镇被批准为国家4A级旅游景区。

　　文成森林氧吧小镇建设模式：文成森林氧吧小镇采取一"动"一"静"相结合的布局模式。"静"为天圣山养生文化园区块，以安福寺为核心，开发养生宴、养生浴、养生茶、禅修祈福、保健食品等佛教相关养生产品，打造全球最大的药师佛文化养心中心，发展以禅修养心为核心的文化养生产业。"动"为铜铃山滑雪康体区块，主打滑雪体验，主体活动中心有浙南闽北最大的滑雪康体中心、石垟林场和时尚运动体验区，发展休闲度假产业。

二、文成森林氧吧小镇的开发与发展

（一）充分发挥生态和文化优势

文成森林氧吧小镇建设利用了天然优势。小镇虽然远离城市的喧嚣，但是环境优美，设施齐全，品牌知名，交通基础设施好，吸引追求自然、享受自然的人慕名而来。小镇充分利用了自己的核心优势"负氧离子"。全镇森林覆盖率高达96.5%，平均负氧离子含量高达60000个/cm³，瞬时峰值高达120000个/cm³。森林氧吧小镇面积仅仅5.2平方千米，有3个4A级景区和4个3A级景区。小镇还有人文历史资源，有千年古刹、皇家寺院安福寺，拥有深厚的佛教文化。

（二）充分发挥浙商回归的作用

据文成县经信局统计，文成有16.8万侨胞，年汇款超过40亿元。吸引浙商回归文成县进行投资，可以解决建设资金短缺和管理人才匮乏问题。周运元等5位著名文商、侨商投资9亿元建起了两个滑雪场和一个大型休闲度假项目。徐刚于2008年投资3000多万元建设猴王谷景区。

（三）优惠土地政策支持小镇建设

滑雪运动、猴王谷等项目用地面积非常大，土地指标政策无疑起到了决定生死的作用。文成县根据《浙江省人民政府关于加快特色小镇规划建设的指导意见》中的规定，对文成森林氧吧小镇需要的用地，"先行办理农用地转用及供地手续"；在按期完成年度计划后，向省相关单位申请实际用地50%的配套奖励土地指标。

（四）用人才打响文化品牌

小镇要打造佛教文化品牌和养生文化品牌就聘请了国学和养生人才，要开展滑雪运动项目就聘请了滑雪教练团队。其中天圣山文化园就聘请了16名国学文化高级讲师，中华健康养生城等项目区域引进了35名国家高级养生大师,滑雪场聘请56位省级滑雪教练员。为了加强网络营销,还聘请了20多名电商创业人才在小镇建立了26个电商经营点。

(五)注重文化和生态的融合

小镇按照"镇在山中、山在绿中、山环水绕、人行景中"的思路进行开发建设,推动生态旅游、人文旅游、休闲旅游、运动休闲的融合发展,也推动了农村的发展变革,使农村变成了景区。

(六)走出一条就近城镇化道路

森林氧吧小镇要建设九大项目及众多小项目,而同时要有完善的基础设施配套,才能发挥九大项目的优势。小镇的建设,同时完善了农村的教育医疗、文化卫生、交通运输、污水垃圾处理等基础设施,也把小镇建设、征地搬迁、扶贫搬迁、景区用工、农民转型结合起来,促进了美丽乡村建设。

(七)坚持规划引领

小镇地处生态保护区,项目建设必须保护生态,只能对生态进行保护性开发,甚至要提升生态品质。因此,文成森林氧吧小镇建设规划先行,严格按照生态评估要求进行规范开发和建设,贯彻绿色发展理念,打造文化生态养生休闲运动复合型旅游项目。

第五章　时尚特色小镇

"十三五"时期是中国产业转型升级的关键时期,也是时尚产业转型发展的黄金时期,是中国由时尚大国向时尚强国转变的爬坡升级关键阶段。浙江省规划鼓励支持发展的八大万亿产业中,时尚产业是重要的突破点之一。浙江省人民政府2015年出台《关于加快发展时尚产业的指导意见》,到2020年,浙江省的时尚产业将成为一个规模超过10000亿元的产业,树立时尚设计、营销优势,发展智能制造,形成自主品牌,形成完整的时尚产业体系。《浙江省时尚产业发展规划纲要》提出了发展时尚产业等五大重点领域。2015年6月,余杭艺尚小镇入选全省第一批特色小镇创建名单。

时尚类特色小镇在浙江省级特色小镇发展中处于规模较大、成就较大的类型。浙江省级特色小镇命名名单(2018)中时尚类有3个,分别是余杭艺尚小镇、桐乡毛衫时尚小镇、诸暨袜艺小镇。

浙江省级特色小镇创建名单(2018)中时尚类有12个:西湖艺创小镇、慈溪小家电智造小镇、瓯海时尚智造小镇、永嘉教玩具小镇、苍南印艺小镇、吴兴美妆小镇、海宁皮革时尚小镇、诸暨珍珠小镇、浦江水晶小镇、东阳花园红木家居小镇、玉环时尚家居小镇、椒江智能马桶小镇。

浙江省级特色小镇培育名单(2018)中时尚类有11个:大江东巧客小镇、温州汽车时尚小镇、平阳宠物小镇、海盐集成家居时尚小镇、桐乡时尚皮草小镇、嵊州领尚小镇、柯桥蓝印时尚小镇、江山木艺时尚小镇、临海时尚眼镜小镇、天台时尚车品小镇、青田欧洲小镇。①

---

① 《2018浙江省级特色小镇最新名单公布》(名单详情按照产业与地区汇总),http://www.reportway.org/tesexiaozhengyanjiu/20861.html。

第一节
时装设计的精品区——余杭艺尚小镇

余杭艺尚小镇取名"艺尚",与"衣裳"谐音。2015年3月,余杭艺尚小镇开始申报"浙江省特色小镇",6月即入选浙江省首批特色小镇名单。2016年6月,余杭艺尚小镇开启首届首饰嘉年华,举办2016中国(杭州)跨境电商峰会。2016年9月9日,余杭艺尚小镇举办2016中国服装协会·杭州峰会。2018年9月余杭艺尚小镇、桐乡毛衫时尚小镇、西湖云栖小镇、诸暨袜艺小镇、德清地理信息小镇被正式命名为第二批省级特色小镇并获得授牌。

一、余杭艺尚小镇聚焦时装设计

余杭艺尚小镇位于浙江省杭州市余杭区临平新城核心区域。临平新城是余杭区政治、经济、文化中心,东至新城路,西至星河南路、永乐路,南至沪杭高速,北至汀城路。小镇距杭州市中心城区约20千米,距萧山机场30千米,沪杭高铁和地铁1号线交会,距西湖30分钟车程。从杭州至上海乘沪杭高铁用时约35分钟。杭浦、申嘉湖杭、杭宁、杭长、杭徽、杭州绕城等多条高速公路把小镇和杭州、江苏、上海、安徽连接在一起,处于沪杭1小时经济圈范围。

余杭艺尚小镇规划区域约300万平方米,规划建筑面积185万平方米,总投资60亿元。规划目标是把小镇建设成为能够配置全球时尚产业资源、具有国际时尚产业影响力的"中国米兰"。

余杭艺尚小镇空间总体布局是"一中心三街区"。一个中心是指该镇主要项目的艺尚中心。三个街区是指时尚文化街区、时尚历史街区、时尚艺术

图5-1　余杭艺尚小镇规划图

街区。

　　时尚文化街区全长约1700米,2018年建成,入驻原创设计室和设计机构,汇聚时尚产业研发精英,打造中国时尚设计实战平台。

　　时尚历史街区由29栋民居改造而成,汇聚电子商务、科技、文创类的企业,提供品牌、专利、创意、营销等服务类项目,把该街区打造成为时尚产业服务平台。

　　时尚艺术街区由纽约苏荷艺术区、泰晤士南岸艺术区等构成,引进"中国·艺尚中心"项目为核心引擎,以时尚产业为核心,整合全球资源进行运营,融创意、文化、产业服务、购物等于一体,打造国际化时尚社区和世界级时尚品牌互联网发布中心,汇聚世界各地时尚力量,打造时尚产业总部集群。

　　余杭艺尚小镇产业定位:集时尚服装产业、珠宝配饰产业、休闲旅游业于一体,集中体现六大功能,即时尚设计发布、时尚教育培训、时尚产业发展、时尚休闲旅游、跨境电子商务、金融投资等。建设时尚服饰、珠宝设计、跨境电子商务、金融支持、生活支持、社会公共建设、交通枢纽六大功能区。

　　余杭艺尚小镇重点建设各类主题设施,如大剧院、小剧院、文化馆、创客空间。包括特色项目555网商园,将老旧建筑保留性修复,保留最有特色的部分,用现代材料修复残缺及损坏部分,打造成专业化电商楼宇。特色街区瑞丽轻奢商街,布局了创意、文化、资本、教育、社区五大板块,设置了时尚、个性、高端等八大消费街区,是一个集创意、设计、生产、营销、展示、休闲等多元业态于一体的高端轻奢商业街区。

二、余杭艺尚小镇突出的优越要素

余杭艺尚小镇建设分阶段进行。小镇建设按照"一年夯实基础、两年搭建框架、三年展现功能"规划设想有序开展。小镇时尚产业发展是从消费市场中最广的生活必需品的供给链开始发力,发现和丰富生活之美,开启中国时尚产业兴起之旅,建设形态上"小而美"、产业上"专而强"、机制上"新而活"的艺尚小镇,力争把小镇发展成为国际时尚人才集聚中心、国际时尚创意交会中心、国际时尚产业领导中心,成为中国时尚产业新地标。

余杭艺尚小镇有雄厚的产业基础。与小镇紧邻的服装基地有杭州四季青服装市场、海宁皮革城、海宁中国家纺城、乔司服装加工产业区、桐乡羊毛衫基地、柯桥轻纺城等产业基地,远的有金华—义乌纺织产业集群、苏州—无锡—常熟纺织产业集群,余杭艺尚小镇有深厚的江浙纺织、服饰产业基础。

余杭艺尚小镇有成熟的要素配套。首先,小镇有成熟的电子商务产业链配套。电子商务是服装服饰时尚产业发展的商业基础,杭州是中国电子商务应用的高地,被称为电子商务之都和跨境电子商务之都,有利于服装服饰产业中产品设计新品发布、推广和产品销售。其次,小镇有成熟的城市公共设施配套,教育、医疗、商场、商务办公场所、公园等城市公共资源齐全,为人才提供了生活便利,解除了人才的后顾之忧。

余杭艺尚小镇重视人才。艺尚小镇集聚了几千名时尚人才,405家时尚企业,引进了王玉涛等国内外知名顶尖设计师24名,中国"十佳设计师"中的13名,签约了网上设计师611名,时尚设计人才总量居于同类园区和小镇之首。[①]注重培养人才,启动"中法青年时尚设计人才交流计划",选拔国内优秀服装设计专业毕业生,参加伦敦大学生时装周。与意大利马兰欧尼学院、英

---

① 《三年升级时尚业"新主场",余杭艺尚小镇成长启示录》,《余杭商务》2018年9月4日。

国圣马丁艺术学院、美国纽约大学时尚学院等时尚学院合作筹建新城时尚学院。与上海戏剧学院、北京服装学院等学院合作,引进和培养人才。

　　余杭艺尚小镇重视合作建设。中国服装协会、中国服装设计师协会与余杭艺尚小镇联合建立中国服装行业"十三五"创新示范基地。法国时尚学院、中法时尚合作委员会与余杭艺尚小镇合作成立中国服装国际时尚交流基地。余杭艺尚小镇成为"中国服装论坛"永久会址。浙江东方集团看好余杭艺尚小镇发展前景,设立子公司入驻临平新城,成立产业化基金以及小微金融发展基金发展时尚产业。

第二节

深耕时装毛衫市场——桐乡毛衫时尚小镇

时装产业链条长,致力于其中一个细市场,就能带来经济可持续特色发展。桐乡毛衫时尚小镇于2015年6月入选浙江省第一批省级特色小镇创建名单,2015年省级特色小镇年度考核良好,2016年省级小镇年度考核优秀,《中国特色小(城)镇2018年发展指数报告》50强特色小镇排名第一,2018年9月桐乡毛衫时尚小镇被正式命名为第二批省级特色小镇并获得授牌,成为七个命名为"浙江省特色小镇"之一。

一、桐乡毛衫时尚小镇把毛衫特色做足

桐乡毛衫时尚小镇位于桐乡市濮院针织产业园。濮院镇建镇有800多年的历史,京杭大运河穿境而过,古镇街区保存完好。濮院镇是明清时期的江南五大名镇之一,水网密布、土地肥沃,是江南水乡、鱼米之乡,有种植桑树和养蚕纺织的传统。濮院镇域面积约64平方千米,改革开放以后传承纺织丝绸的历史传统,发展毛针织产业,形成纺织产业集群,建设了羊毛衫专业市场,获得了"中国羊毛衫名镇""中国毛衫第一市""中国十大服装专业市场""中国羊毛羊绒服装第一镇""中国纺织服装商业20年杰出市场""中国大型品牌市场""全国百佳产业集群""中国服装品牌孵化基地"等多个荣誉称号。濮院镇位于上海、杭州和苏州之间,距上海约100千米,距杭州约60千米,距苏州约80千米,处于三个中心城市中间的节点位置。小镇交通便利,320国道、嘉湖公路、嘉桐公路、申嘉湖高速公路距离较近。较近的距离承接了大都市经济外溢,便捷的交通为羊毛衫市场提供了竞争优势。

桐乡毛衫时尚小镇位于省级开发区——桐乡濮院针织产业园区的核心区块,规划区域3.5平方千米,建设面积2100亩,拓展面积2467亩,2015年至2017年完成总投资55亿元。总体布局是"一核两翼两带"。一个核心是时尚产业中心,两翼是旅游文化中心和展览制造中心,两带是时尚产业融合带、绿色生活步行带。规划建设重点项目有濮院毛衫时尚服饰暨世界毛衫博览中心、古镇观光区、古镇旅游生态度假区、时尚文化创意区、濮院轻纺城、濮院羊毛衫市场核心区等六大项目。

桐乡毛衫时尚小镇发展定位:具有传承文脉、更新产业、复兴空间有机更新理念的时尚旅游名镇,集度假、购物、文化、工作、生活于一体的活力小镇,营造优质的外部环境促进毛衫产业转型升级的时尚产业名镇,桐乡市产业转型与毛衫市场转型升级相叠加的创新平台。

桐乡毛衫时尚小镇产业定位:核心产业为服装制造业＋旅游休闲产业。以时尚产业为主导,加强与国内外知名大学合作,引进国际高端设计人才和材料研发人才。开发新材料、创新技术和工艺,建立和支持一些著名的服装品牌,引领世界毛衣潮流和时尚潮流。开发创意设计,开发针织材料,展示毛衫文化,发布时尚潮流,发展购物旅游和文化旅游。

二、桐乡毛衫时尚小镇转型发展

(一) 特色小镇建设取得预想效果

桐乡毛衫时尚小镇2015—2018年完成固定资产投资56.25亿元,超出计划1.25亿元,投资强度亩均433万元,三年实现税收收入约6.1亿元。2016年,小镇在省级特色小镇年度考核中表现突出,被评为考核优秀,2018年命名为"浙江省级特色小镇"。《中国特色小(城)镇2018年发展指数报告》发布排行榜中,桐乡毛衫时尚小镇在中国特色小镇50强名单中为第一名,濮院镇在中国特色小城镇50强名单中为第五名。

（二）建设新地标等硬件设施

地标1为濮院轻纺城。濮院轻纺城分为市场部分和写字楼部分。市场部分定位为"全球针纺原材料集散中心"，以批发面料、辅料、纱线等原材料的大型专业生产资料市场。写字楼部分为服装研发和展示商贸中心、企业办公。濮院轻纺城是集市场贸易、商品展示、电子商务、商务办公、物流、服务于一体的原材料供应专业市场，市场用地面积73亩，建筑面积约18万平方米，总投资约15亿元。地标2为濮院世界毛衫博览中心。濮院世界毛衫博览中心用地面积83亩，建筑面积约18万平方米，总投资10.3亿元。博览中心设博览会专用场地、市场产品展示区、产业＋互联网展示区、电影馆、金融服务平台等区域，是时尚小镇的核心区块，集博览会展、时尚发布、品牌展示、文化创意、发展旅游等于一体。

（三）搭建设计创意孵化平台

桐乡毛衫时尚小镇注重平台建设，孵化更多的创新创业企业。其中320创意广场和IFDC国际时尚服饰设计研发中心成效显著。320创意广场创办于2009年，致力于引进高端设计创意团队，平台引入研发机构5家，设计创意等服务机构46家，4所高校在小镇设立工作站，平台科技服务各类企业超过1000家。IFDC国际时尚服饰设计研发中心引进韩国设计师常驻小镇，组建了韩国时尚服装设计师团队，引入"JARRET"服装品牌。意大利马兰戈尼学院将在濮院设立教学点。

（四）发展会展经济

小镇从产品生产制造向高端服务业发展，举办博览会、大赛等活动，发展高附加值的会展经济。每年举办中国濮院国际毛针织服装博览会，举办了三届"濮院杯"PH Value中国针织设计师大赛，承办国际毛纺大会，举办"中国·濮院时尚周"、亚洲色彩论坛，发布"中国·濮院指数"，获得2020年第89届国际毛纺大会举办权，小镇已经成为毛衫时尚会展中心。

（五）发展文化旅游

小镇延长产业链，发展"毛衫＋旅游"，力争将其打造成为"毛衫生产基地＋创意时尚中心＋宜居水乡古镇"的时尚小镇。对小镇内的古建筑进行保护性修复和开发，修旧如旧，整合古镇香海寺、翔云观、东岳庙、关帝庙等旅游资源，发展文旅产业。

（六）产业走向"三化"

小镇通过变革，推动毛衫产业的数字化、时尚化、国际化。在数字化方面，实施"互联网＋时尚产业"融合，引进智能生产线，实现数字化车间，建设智能工厂，运用信息技术对传统企业进行升级改造，引进和培育数字化企业和云企业。在时尚化方面，优惠性政策鼓励企业实施品牌化战略，全打造制造品牌和终端品牌，形成区域品牌，提高毛衫产业的时尚话语权和时尚影响力。在国际化方面，实施城镇品质提升行动，采取引进来和走出去战略，鼓励企业参加各类博览会、大赛、论坛，提升国际影响力。[①]

三、桐乡毛衫时尚小镇块状经济"就地升级"

桐乡毛衫时尚小镇所在地濮院镇是毛织产业集群的核心地带，该产业集群面临着转型升级的压力与机遇，特色小镇建设为产业转型升级提供了契机。

桐乡毛衫时尚小镇的毛衫产业积淀雄厚。濮院镇历史上曾是明清时期江南五大名镇之一，有"日出万匹绸，嘉禾一巨镇"的美誉，因盛产丝绸而繁盛达800多年。濮院镇的毛针织产业具有重大的产业优势。20世纪70年代濮院开始发展毛衫产业。濮院弹花生产合作社1976年买来三台手摇横机生产出第一件羊毛衫，主要生产膨体衫和丙纶羊毛衫。到20世纪80年代，濮院镇羊毛衫私营企业大量成立，产值近亿元。为了规范羊毛衫市场，促进良性竞

---

① 濮院：《加速打造世界级针织时尚产业集群》，《嘉兴日报》2019年3月15日。

争和发展,1988年10月1日,濮院羊毛衫市场开业。经过30多年的发展,羊毛衫市场规模不断壮大,市场管理水平、产业发展质量都不断提升,目前已经形成占地1.7平方千米,包括15个羊毛衫成衣交易区和5个配套市场在内的专业化市场。近年来,在部分专业市场走低的形势下,濮院羊毛衫市场一直在上升发展,2017年成交额达到700亿元,在浙江省专业市场中始终保持上升趋势。以市场为龙头,形成了包括纺纱、编织、印染、纺织机械制造、包装、设计、物流、会展、产品展示等在内的完整的产业链和产业生态,其毛针织产业配套齐全冠全国纺织产业集群之首。濮院镇形成了以羊毛衫市场为门户的羊毛衫产业集群,羊毛衫产业也成了当地经济的支柱产业。2001年濮院针织产业园建成,针织企业入驻园区,以园区和核心把相关产业和工业区连成一片。国家发改委经过严格审核后于2006年批准濮院针织产业园为省级经济技术开发区。

桐乡毛衫时尚小镇建设推动传统实体市场向"互联网+市场"转型升级。浙江省20世纪区域经济得到蓬勃发展,县级区域甚或镇级区域都会形成产业集群,在产业集群地区形成专业市场或者综合市场。随着电子商务的兴起,市场经营户和企业开始转型,实现"互联网+市场"和"互联网+企业",在促进商品流通、促进经济发展、加快产业集聚等方面发挥了重要作用。如浙江恒然制衣有限公司2017年开始布局电子商务网上销售,2018年实现网上销售7000万元。打造电子商务平台和电子商务服务平台,打造时尚毛衫大数据发布平台,深化与阿里巴巴、京东、唯品会等电子商务平台合作。线下市场与线上市场相结合,传统市场适应信息科技的发展,逐步转型升级。桐乡毛衫时尚小镇2017年羊毛衫市场的380亿元成交额中有100亿元为电子商务成交额。

引入信息技术对针织产业工艺流程和管理进行提升和再造。针织产业引入互联网科技,对毛衫制造进行生产重构、流程再造、工艺优化,实现节能增效。采用新工艺,引进无缝针织机一次成型,"一线成衣"生产出无缝毛衫。生产管理中运用智能工艺CAPP系统、产品数据管理PDM系统、RFID电子标签等,实现数字化实时远程控制。发展"互联网+濮院物流",提升了物流速度,节约了物流成本,实现了物流监管和货物运输全程跟踪。

桐乡毛衫时尚小镇注重人才引进和培养。引进时尚产业类人才500多人,海外留学归国创业人才50多人,引进韩国时尚设计师常驻小镇。通过举办针织大赛,承办展会,每年举办国际毛针织服装博览会,等等,培养人才。

桐乡毛衫时尚小镇发展智慧经济。进入21世纪,针织产业作为资源消耗性、劳动密集型产业面临"三降一去一补"转型升级压力,同时还面临着消费转型升级带来的转型压力。桐乡毛衫时尚小镇开始时尚智造,开始"时尚＋针织产业"转型,发展创意设计、配套服务、品牌提升、品质提升、电子商务、现代物流等,推动毛衫产业向专业化、时尚化、国际化的方向发展,增加产品附加值,从微笑曲线的中部生产加工区向两端的品牌、设计、营销等高附加值区域延伸和发展。

桐乡毛衫时尚小镇形成了完整的产业链、精湛的生产制造工艺、快速运转的市场等优势,集聚了生产制造、市场交易、创意设计、展示发布、质量检测、科技创新等产业高端要素,有效地带动了开发区和显示区域块状经济的转型升级,实现了块状经济"就地升级"。

第三节

打造袜业的单打冠军——诸暨袜艺小镇

浙江经济中"以小见大"特色突出,小产业做出大文章,把一个产业做到极致。诸暨袜业能够做成产量全球第一,袜艺小镇功不可没。诸暨袜艺小镇成为2015年第一批省级特色小镇创建对象,2016年度省级特色小镇创建对象考核为优秀。2018年5月24日,大唐镇被选为50个最美特色小城镇之一。2018年9月被命名为省级特色小镇,为全省7个命名为省级特色小镇之一。

一、诸暨袜艺小镇突出产业特色

诸暨袜艺小镇位于浙江省诸暨市大唐镇。诸暨市是西施故里、越国故地,是越王勾践图谋复国之地,改革开放以来是全国百强县市、全国县域竞争力百强县市。大唐镇位于诸暨市西南,1988年建镇,全镇面积约53.8平方千米,城区面积约6平方千米。大唐是以袜业生产、设计和销售为特色的经济强镇,袜业为核心产业,相关产业如织布、机械、弹簧等也得到同步发展。大唐轻纺袜业城由轻纺原料市场、袜子市场、大唐袜机市场、物流市场构成,是全球最繁荣的袜业市场,大唐被称作"中国袜业之乡"。大唐袜业发展有40多年历史,20

图5-2　诸暨袜艺小镇规划图

世纪70年代,大唐出现了纺织家庭手工作坊,改革开放后发展壮大形成袜业特色镇;2016年有13301家企业在工商登记,其中5083家轻纺袜业,2000万元以上规模企业150家。全镇每年生产的袜子总量占全国的70%以上,占全球的30%以上,从数量上看,已经是全球最大的袜子生产基地,取代美国成为"国际袜都"。小镇交通便捷,杭金衢高速公路、沪昆铁路、杭长高铁、省道杭金线、省道绍大线5条线路穿过小镇。

诸暨袜艺小镇总体规划:规划区域2.96平方千米,2015—2017年完成投资55亿元。空间布局分为三大区块,即智造硅谷产业区、时尚市集区和众创空间区。智造硅谷,是小镇的智能制造产业区,主要有海讯两创园区、圣凯科技园区和天顺精品园区等三大工业园区。海讯两创园区,占地330亩,计划投资规模超过15亿元,以"统一规划、统一建设、统一管理"的思路,创建一个袜业新材料研发生产基地。圣凯科技园区,占地150亩,投资规模为4亿元,侧重于重点开发时尚袜品和保健特种袜,打造袜业新品开发制造基地。天顺精品园区,总用地面积263亩,总投资14亿元,研发生产"织、翻、缝、检"一体化自动袜机等纺织机械,打造世界上最完备的袜业机械研发和制造基地。时尚市集,是该镇的智慧中心和文化艺术旅游区,主要有"袜业智库、滨水文化长廊、艺术村"等功能区。袜业智库区,投资规模为2亿元,是袜艺小镇的核心和引擎,主要功能区有WA空间艺术中心、智能站、袜业博物馆、互联E家和美丽街等。滨水休闲文化长廊,投资规模为5亿元,沿冠山溪两岸进行历史建筑整治和绿化整治,打造滨水景观带,展示工业特色和城市农艺,为展示大唐时尚休闲特色的文化长廊。众创空间区是小镇的电商群落生态区,包括电子商务园区、大学生创业园区、中国针织原料市场、物流园区。电商园,总投资2亿元,建设袜业电商基地和袜业大数据平台。中国针织原料市场,占地80亩,投资规模为5亿元,是大唐第4代现代市场,精品针织原料交易平台。大学生创业园区,投资规模2亿元,是一个集大学生创业、留学生创业、创业企业孵化和金融服务于一体的创新空间。

袜艺小镇发展思路:把小镇建设成为世界上最先进的袜子制造中心、袜类文化中心、袜子工业旅游目的地,世界上唯一的袜子特色小镇。

二、诸暨袜艺小镇促进产业发展

诸暨袜艺小镇建设符合预期。袜艺小镇建设至今,累计完成投资55.55亿元,其中特色产业投资为43亿元。规模以上工业总产值年均增长达到14.5%,税收年均增长达到20.1%。2014年到2018年,升级后的精品整理园产值由289亿元增长到364.3亿元,袜业相关企业税收由3.8亿元增长到4.8亿元,规模以上新产品产值由52.6亿元增长到63.2亿元,高新技术企业由5家增加到12家,科技型企业由13家增加到55家。

诸暨袜艺小镇成为大唐经济转型发展的新引擎。袜艺小镇建设带动了大唐镇信息化和工业化深度融合、机器换人和腾笼换鸟,被国家工信部评审通过为新兴工业化产业示范基地,大唐袜业被评为全国知名品牌创建示范区。

通过袜艺小镇创建,产业转型升级加速推进,找到了高质量发展的新路径。一是政府建立一个平台,为企业发展提供服务,企业唱戏,进行市场化运作。建设袜业提档升级的"发动机"——创新服务综合体。建设九大中心,即高层次人才服务中心、创新金融服务中心、"互联网+"服务中心、对外经济贸易服务中心、袜子双创空间、纺织袜类研究院、创新设计中心、袜业品牌保护中心和大唐科技大市场分中心,集聚高端要素,为中小微企业提供生产、销售、检测、检验、设计、研发、人才培训等服务,形成"产业链+创新链+资金链"综合运营管理平台。2018年平台服务企业提供服务800多场次,服务企业3500多家次。中国大唐袜业城负责小镇市场化运作,积极开展招商引资、管理协调、信息发布、日常运行等基础性服务和管理工作。二是科技创新,智能制造。和科研机构、高校合作联合攻关,开发新材料,设计新机器,引入数字智能化,改变传统产业生产。设计制造出"织翻缝检"智能一体化机、全自动袜子包装机,开发出氨纶新材料,建立数字化工厂,传统产业从产业原材料到机器生产、流程管理、包装、运输等等全方位提升。三是营造"三生融合"生态。以小镇为核心推进环境综合治理,改造道路、加强绿化,建设商贸综合体、写字楼、公寓等,完善基础配套设施。四是优化政务环境。开展"最多跑一次"服务,推动投资项目办理"一次受理、一并办理、全流程最多跑一次",降低企业交易成本并优化商务环境。

三、诸暨袜艺小镇创建推动大唐袜业转型升级

(一)袜子产业转型升级压力增大

袜子产业属于传统产业,转型升级较为紧迫。一是低小散问题突出。诸暨大唐袜业有完整的产业链、产业集群、高度集中的生产要素、数十万从业人员,资源配置效率高,与同类相比,产业成本降低1/4左右,有低成本优势。然而当地袜业以产出、资源利用率低,科技含量低,规模小,分布散的"低小散"企业为主,劳动力廉价、产品低端、产品低价已经不能适应市场升级和政策环境发展的需要,严重影响了产业可持续发展。二是产业集群升级压力。原来的"低小散"格局适合市场初级阶段,随着市场逐步完善,社会治理水平提高,原来的"三合一"企业成为安全生产隐患,家庭作坊式经营成为市场乱象,社会治理规范化程度逐步提高,曾经的发展优势成为新的发展的桎梏。三是产业转移趋势。进入21世纪后,东部地区劳动力成本增加,产业逐渐向资源要素更低的中西部地区甚至是东南亚地区转移。四是自主品牌的市场份额很低。大唐袜业贴牌加工居多,外贸订单中代加工居多,自主品牌少,利润低,自主创新不足,国际市场话语权微弱。五是资金链存在风险。中小企业中农民身份的企业主很多,农村集体土地尚无法抵押贷款,正常融资贷款难度大,大唐袜业企业"联保互保"问题严重,一家企业出问题会影响一批企业。六是企业投资积极性不高。世界经济形势整体还在低迷阶段,政府财政支持有限,土地等要素供给紧张,企业投资不积极。七是人才资源不足。袜业高端人才少,愿意到小城市、城镇居住、工作的高端人才更少。同时,大量人才涌向新兴产业,传统产业对人才的吸引力下降。袜艺小镇的管理人才少,日常接待任务重,消耗了大量的精力。[①]

---

① 宋文杰:《镇域特色小镇瓶颈突破之路——以诸暨袜艺小镇为例》,《小城镇建设》2016年3月7日。

（二）政府作为引导推动转型发展

1. 通过优惠政策引导袜艺小镇发展

在组织结构方面,成立市政联席会议,以协调小镇建设涉及的各个部门。奖励当年入驻园区企业,对注册资金1000万元企业奖励2万元。对注册资本超过1000万元企业给予超额奖励,每增加3000万元奖励2万元。奖励招才引智,给予海外人才和重点人才"场地补贴、贷款贴息、房票补助、引才奖励"等奖励。鼓励入园企业购买厂房,购买面积超过1000平方米的奖励15000—30000元。设立产业扶持基金,筹集"两创"集聚园区专项帮扶支持基金1000万元。奖励投资技术和设备超过百万元的企业,最高奖励10万元。鼓励企业做大做强,新增为规模以上企业的奖励2万元。奖励孵化出超100万元设计企业的孵化器平台,奖励每家孵化器5万—50万元。奖励高新企业如进入小镇孵化平台,给予高新技术企业一次性10万元的财政补助。"一事一议"和"一企一策"的特例奖励政策,在科技创新、品牌建设、质量管理有突出贡献的予以专门奖励。

2. 为袜艺小镇建设营造硬件环境

对小镇进行环境综合治理,推进精品村建设,进行生态河道治理,扩大绿化美化面积。完善商业、娱乐、教育、医疗、体育、文化等公共设施,提高吸纳人才的能力。

3. 通过"四换三名"行动带动产业转型升级

开展安全整治行动,取缔住宿、生产、仓储在同一建筑内混合设置的"三合一"作坊式企业主导产业升级。淘汰燃煤锅炉,关停和整改一批高能耗高污染企业,培养和引入资源消耗少产品附加值高的企业,腾笼换鸟,淘汰落后产能。推广新机械、3D打印等新技术,进行车间数字化改造,机器换人,实现减员增效。以亩产论英雄,为优质企业腾出工业用地和发展空间,规划建设园区,加强平台建设,空间换地,实现集约发展。发展电子商务,推动线上线下融合发展,电商换市,增强市场活力。培养知名企业、名牌产品和知名企业家,打造袜业龙头企业。

4. 创新发展"袜业＋"模式

通过"袜业＋创意＋创新＋互联网＋金融"发展特色产业发展。组建校企联盟、举办袜艺设计大赛,实现"袜业＋创意"。研制并推广"织翻缝检"智能一体袜机、全自动包装机、任意裁剪的防脱丝氨纶等新机械和新材料,实现"袜业＋创新"。发展电子商务,建设电商园和大数据中心,实现"袜业＋互联网"。帮助企业完成股份制改造,推动企业上市,优化投融资,实现"袜业＋金融"。袜业插上创意、创新、互联网和金融的翅膀,实现了凤凰涅槃,袜业特色产业越来越强。

5. 实施人才战略,为产业发展夯实智慧基石

建设平台"袜业智囊团",组建科研项目攻关团队。设立袜业研究院,吸引大学和科研机构的人才。实施"111"人才引进项目,与超过10所高校进行合作,引进100名以上艺术家到站,转化、改造和应用100项以上设计成果或专利技术。目前已经与浙江农林大学、上海东华大学等25所大学合作开展服装设计研究。

6. 化解和防范金融风险

成立风险处置小组来控制企业"联保互保"的财务风险。政府出台降税减负政策,为企业减负,降低企业财务成本,为企业续命。创新资产抵押方式斩断担保链,将担保企业置换出来。推动企业兼并和收购,支持企业更大更强。建立企业风险数据库和诚信档案,加强风险管理。[①]

7. 强化要素保障

完善土地利用总体规划,增强土地总量平衡和综合开发,增加建设用地存量,节约集约用地。深化"三改一拆""四边三化""五水共治"等工作,将袜艺小镇建设纳入城市建设用地边界,加大对城镇建设的支持力度。[②]

---

① 朱朝晖:《借力特色小镇 弥补发展短板——绍兴诸暨"袜艺小镇"调研思考》,《统计科学与实践》2016年10月25日。

② 赵国强:《传统产业转型视域下打造特色小镇的探索——以诸暨市推进大唐镇创建袜艺小镇为例》,《江南论坛》2016年10月15日。

第四节
文创产业带动眼球经济——西湖艺创小镇

文创产业带动、满足人们的审美和观感,产生经济效益,带动产业发展。西湖艺创小镇是杭州市首批创建的十个示范特色产业小镇之一,先后被列入第二批浙江省特色小镇创建名单和浙江省级特色小镇创建名单(2018),因为设计杭州 G20 峰会 LOGO、世界互联网大会会徽、杭州西湖音乐喷泉、杭州武林广场 3D 裸眼光影秀而广为人知。

一、西湖艺创小镇发挥区位优势

西湖艺创小镇地处西湖区之江板块核心地带,是西湖(之江)文创发展的主平台之一。小镇位于杭州西湖区西南角转塘街道,象山脚下和西湖群山之中,东至杭富路,南至中国美术学院龙山校区南侧,西至灵龙路,北至转塘横街。西湖艺创小镇为长三角经济带 2 小时经济圈,距杭州绕城高速入口约 1千米,距高铁站约 20 千米,距火车站约 15 千米,距机场约 35 千米,距上海约180 千米,320 国道穿境而过,地铁 6 号线在小镇有两个出入口,至西湖约 30 分钟车程。

西湖艺创小镇规划区域 3.5 平方千米,建设用地 1733.5 亩,创建范围包括中国美术学院龙山校区、象山校区,中国美术学院(创意)园,浙江音乐学院,环美院产业带,总投资规模 165 亿元。以"艺术+"为核心,围绕象山、龙山、狮山三座山体进行功能分区布局,依托中国美术学院、浙江音乐学院、西湖大学三所高校,以艺术生活为主题,以生产城市融合、生产研究一体、整体众创、众创众享作为发展方向,整合设计、绘画、雕塑、建筑、新媒体、音乐、动漫、舞蹈等艺术门类,通过"美育塑造""文创智造""生态织造",推动艺术创意向社会生产转化,促进文化消费的拓展与升级,壮大文化创意产业,打造"艺术教育社区""文创设计高地""艺术生活家园",建设一个融合文化创意设计、艺术展览表演、社会群体经济、时尚潮流消费和特色旅游五个方面的新型特色小镇。[1]

西湖艺创小镇总体布局:"艺术＋"四大平台。小镇建

图5-3　西湖艺创小镇规划图

筑、生态环境、创意环境都要体现现代艺术风格,以打造创业创新平台、人才培养平台、艺术交流平台、文化旅游平台等四大平台。创业创新平台包括企业孵化器(核心是中国智造中心)和创新设计工业区(核心是美院风景建筑设计集团)。人才培养平台包括国内复合型高端艺术人才培养基地(核心是中国美术学院和浙江音乐学院)和政府生产研究综合服务平台[核心是国家大学科技(创意)园]。艺术交流平台包括艺术展览交流区(核心是中国美术学院博物馆)和世界美术学院年度联展。文化旅游平台有时尚艺术体验区(核心是象山艺术公社)。[2]

西湖艺创小镇创建模式:政府主导、两院参与。西湖区(之江国家旅游度假区)主导,中国美术学院、浙江音乐学院参与,共同创建。

①《杭州西湖艺创小镇》,新型城镇化传媒微信公众号。
② 同上。

二、西湖艺创小镇在旧厂房中生长文化产业

（一）从旧厂房发展成为西湖艺创小镇

西湖艺创小镇源于转塘双流水泥厂，20世纪90年代双流水泥厂停产。2000年后北京的原国营798厂老厂区改造成为"798艺术空间"，上海的1929年东百老汇路协隆洋行仓库转型为"1929艺术空间"，皆取得成功。2008年西湖区将水泥厂房改造成为创意产业园，取名"凤凰·创意国际"，后来又取名"之江创意产业园"。之江创意园不断扩展，增加了象山艺术公社、凤凰创意大厦，入住企业多达上千家，文创产业规模逐步扩大。2016年之江文化创意园改名西湖艺创小镇，列入省第二批特色小镇创建名单。

（二）建立了文创特色优势

经过十多年的发展壮大，之江创意园成为小镇核心平台，设计、动漫游戏、传媒、信息服务等文化创意产业成为核心主导产业，科技创新企业扎堆入驻，形成创新和产业集聚优势。有2088多家企业入驻小镇，其中有时光坐标、黑岩科技、中视精彩、北斗星等1700多家文创企业，有7家企业估值超过亿元，其中高科技企业有300多家。众多企业带来人才集聚，企业和研究机构集聚1000多名文化创意中高级人才，国内外硕博人才200多名，国千、省千人才也长期在小镇工作。小镇拥有58家教育培训机构，500多家画室，西湖艺创小镇形成了完整的文创产业生态链，成为"文创设计高地"。

（三）抓住机遇，连续升级

2007年，艺创小镇入驻企业少，工业萎缩，旅游惨淡。2008年中国美术学院象山校区开始招生，艺创小镇的前身之江创意产业园启动了。随后围绕美院的艺术教育培训产业蓬勃兴起，"艺术教育社区"逐步形成。2015年浙江音乐学院入驻艺创小镇，"小镇＋美术＋音乐"合作，由政府主导、中国美术学院和浙江音乐学院参与运营的"艺创小镇"呼之而出。

（四）注重活动运营

小镇通过举办活动增加、聚集人气，提供人才交流、借鉴的场所，开拓人才的视野，碰撞出创新的灵感火花。大型文创活动对高端创意与设计人才具有磁石效应，成熟的产业链、产业生态圈、文化生活圈对文创人才具有留居的吸引力。艺创小镇每年举办近300场文化艺术和产业类活动，举办形式和内容包括展览、音乐会、沙龙、讲座、艺术周等，已经形成良好的文创产业生态。

三、艺创小镇的发展折射出杭州文创产业的蓬勃朝气

浙江省将文化创意产业视为八大万亿产业之一，2018年6月，省政府发布了《之江文化产业带建设规划》(浙政发〔2018〕27号)，把杭州市规划为文化创意产业的领导者和中心。近十年来，杭州市文化创意产业产值增长迅速，从2007年的432亿元，增长到2018年的3347亿元，文创产业占GDP比重从10.5%增长到24.8%，达到了世界创意产业发达城市水平。杭州市把文化创意产业作为战略新兴产业重点发展，2018年9月出台《关于加快建设国际文化创意中心的实施意见》，提出了到2022年文化创意产业产出达2万亿元的目标，实施传统文化继承发展的文化固本工程、建立文化创意产业优势的行业引领工程、构建产业发展的平台建设工程、做优做强市场主体的主体培育工程、产出精品之作的内容生产工程、创新投融资的文化金融工程、培养专业人才的人才培育工程和实施国际化战略的开放带动工程等八大工程，把杭州建设成为"全国领先、世界前列"的国际文化创意中心。杭州市政府于2018年11月20日发布了《杭州市之江文化产业带建设推进计划(2018—2022年)》(杭政函〔2018〕102号)，围绕之江文化产业带"一带一核五极多组团"的空间发展模式，重点培育6个产业水平为100亿元的文化产业集群，实现之江文化产业带引领杭州文化创意产业的战略目标。

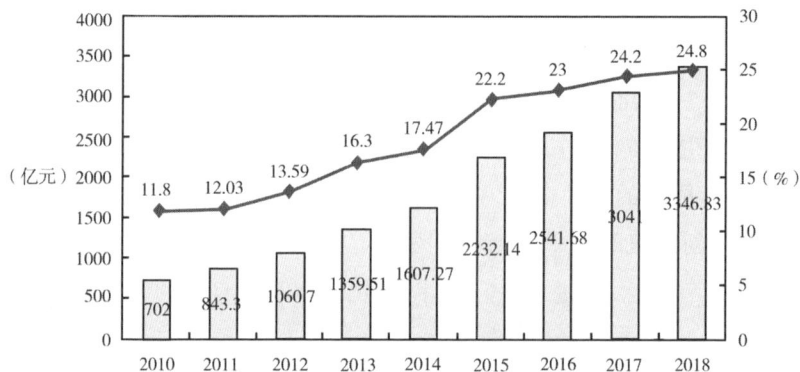

图5-4　杭州市文化创意产业(2010—2018)增长图

(资料来源:《杭州市国民经济和社会发展统计公报》,杭州市政府网)

杭州2007年前后经济转型升级压力巨大,经过十多年的发展,经济结构调整成功,建设了十大文化创意产业园,文创产业翻倍性发展,把杭州打造成为动漫之都。十大文化创意产业园是:西湖创意谷,始于"开元198",于2007年4月22日在杭州西湖大道与定安路路口的开元中学旧址上创建;之江文化创意园,始于凤凰·国际创意园,于2008年4月7日在双流水泥厂旧厂房中创建;西湖数字娱乐产业园,始于西湖数字娱乐产业园,于2004年文一西路75号一幢楼中创建;运河天地文化创意园,于2008年在1958年所建的杭州化纤厂旧厂房中创建,现在改名称为LOFT49;杭州创新创业新天地,2015年于杭州重机厂旧厂房中创建;创意良渚基地,2015年于中国良渚文化村片区和良渚城镇一期行政商务片区中创建,现在已经转型成为梦栖小镇;湘湖文化创意产业园,2015年于休博园威尼斯水城区块中创建;白马湖生态创意城,于2007年白马湖区块中创建;西溪创意产业园,于2009年杭州西溪国家湿地公园桑梓漾区域中开园;下沙大学科技园,于2007年杭州经济技术开发区内创建。

艺创小镇建设源于市场对文创文旅的需求。人们对美好生活的需求成为市场的主旋律,美好生活的需求改变了人们的消费方式、消费内容。《CCTV经济生活大调查》的消费意愿排行榜前十名中,旅游、文化娱乐连续多年居于榜首(见表5-1)。市场需求是产业兴起的基础和动因。

表5-1 社会消费意愿排行表

单位:%

项目\年份	旅游	汽车	保健养生	数码产品	家电	教育培训	房产	家政服务	文化娱乐	母婴产品
2018	42.08	22.43	39.63	37.62	36.48	29.39	23.99	19.78	18.66	7.51
2019	38.65	34.88	34.27	32.46	31.28	30.56	24.10	16.20	14.61	5.82

(资料来源:《CCTV经济生活大调查》2018、2019版)

文创产业发展离不开金融的支持,杭州市政府和三家银行合作,由杭州市文创办在银行内设立"风险池",银行以"风险池"金额的10—15倍的总金额向文创类企业贷款,银行设立文创金融专营机构,分别是中国建设银行天水文创专营支行、杭州联合银行文创金融服务中心、杭州银行文创支行。此外,2015年成立了"凤创汇投融资服务平台",100多家创投机构入驻平台。通过建立多方合作、风险共担的合作机制,以专营金融机构支持为龙头,引导社会资本投资文创产业。

第五节

传统制造业插上文化翅膀——慈溪小家电智造小镇

小家电产业属于传统产业,在发展瓶颈期,和文化创意、智能制造结合在一起,产生出智造工业,慈溪小家电走上智造之路。2017年8月2日,浙江省特色小镇规划建设工作推进会在嘉兴市嘉善县召开,会上公布了省级特色小镇第三批创建名单。宁波市入选创建名单的小镇有7个,分别是慈溪小家电智造小镇、海曙月湖金汇小镇、镇海i设计小镇、江北前洋E商小镇、余姚智能光电小镇、宁波杭州湾汽车智创小镇和象山星光影视小镇。慈溪小家电智造小镇又入选浙江省级特色小镇创建名单(2018)。

一、慈溪小家电智造小镇转型发展

慈溪小家电智造小镇位于宁波市慈溪市周巷镇,东至余慈连接线,南至二塘横江,西至周家路江,北至三塘横江,南近329国道,北临杭州湾。慈溪市因东汉董黯"母慈子孝"而得慈溪之名,慈溪市位于杭州、上海、宁波三大都市圈之间,处于长三角经济区的金三角地带,东距宁波市约60千米,西至杭州市约140千米,北距上海约150千米。慈溪市历史上经济发达,有青瓷文化,被称作"海上陶瓷之路"的发源地,注重手工业和贸易。改革开放之后,慈溪市发挥沿海经济开放区的区位优势,大力发展工商业,家用电器、机械基础件、汽车零部件成为主导产业,被称为"家电之都"。广东顺德、山东青岛、浙江慈溪被社会认可为中国三大家电生产基地。慈溪市经济实力雄厚,发展潜力巨大,长期居于中国百强县前十位。2018年慈溪市GDP为1737.03亿元,人均GDP为115379元,城镇常住居民人均可支配收入59264元,农村常住居民人居可支配收入为34927元,三产比重为3.0∶60.6∶36.4。《人民日报》发布数据显示,慈溪市在2018年度全国综合实力百强县排名中居于第6位,全国投资潜力百强县排名中居于第2位。周巷镇位于慈溪市"一中心四片区"中的西片区,位于宁波慈溪市、余姚市,绍兴市柯桥区三市交界地带,是小城市培育试点镇、全国小城镇综合改革试点镇、全国科学发展百强镇,2018年成为国家综合实力千强镇之一。周巷镇小家电是慈溪市家电的核心区域,并且有小家电企业300多家,大约有1000家配套企业,产值超过200亿元,形成了完整的小家电产业链,被称作"中国小家电之乡",是世界上最大的吹风机和电熨斗生产基地。

慈溪小家电智造小镇规划区域3.38平方千米,计划总投资76.2亿元。小镇以原周巷镇镇北工业园区小家电产业集群为基础,集聚省市内外家电企业,对传统小家电产业进行"智"和"美"的改造提升,发展智能产业、智能制造、智能产品、智能经济,打造时尚设计、美好生活、美丽小镇,以小家电为"核心引领",以"智+美""双轴联动",智能家电产业区、活力商贸区、家电硅谷区、电子产业区、创新创业孵化区等五大区块"分区发展",打造集研发设计、智能制造、智能商贸、教育培训、智能管理、体验旅游于一体的时尚小镇、中国家电硅谷、产业转型升级示范区。①

小镇按照"一心双轴五区"布局,"一心"即小镇客厅,"双轴"即时尚体验轴和生态活力轴,"五区"即家电硅谷区、智能生产区、家用电子制造区、创业创新孵化区、活力商贸区。小镇客厅主要由小镇规划馆、小家电博览中心、旅游集散中心电商园区、大数据中心、智美主题公园等组成。活力商贸区主要由总部商务大厦、大数据中心、电商园区、购物街区等组成。家电硅谷区由研发机构组成,有研发设计园、小家电研究院、小家电创新中心和家电学院等。智能制造区、家居电子产业区、创业创新孵化区主要由卓力电器、月立电器等小家电产业集群、企业研发中心、产品检测中心、工程服务中心以及科研院所研究中心组成,打造数字化工厂,引进智能芯片、控制器、高端模具等补短板项目,进行科研攻关制造新产品、提升商品品质等。②

---

① 《周巷大手笔投入倾力打造两大特色小镇》,《慈溪日报》2017年3月3日。
② 同上。

二、慈溪小家电智造小镇发展与建设

(一) 全方位公共服务助力小镇发展

慈溪小家电智造小镇按照省级特色小镇创建的要求,组建团队、深化优化规划,加快项目建设,开展招商引资和招商引智,举办主题活动,有条不紊推进小镇建设。一是组建专门团队。成立领导小组,负责重大项目的决策、协调,设立小镇建设管理办公室,负责建设的日常管理工作。组建国资局下属慈溪小家电智造小镇投资有限公司,负责小镇建设和运营。二是深化优化规划。在总体规划的基础上结合项目实际优化核心区域空间布局,提升土地利用效率,分析小家电发展趋势,编织产业发展规划和确定招商引资计划。三是提供要素保障。进行道路修建、电网改造和地下管网等基础设施建设,利用小城市扩权试点和"最多跑一次"改革,解决建设用地问题,完善和简化小镇建设用地报批程序,确保项目如期开工建设。四是强化招商引资。积极参加和举办博览会、交流会,推介宣传小镇,扩大小镇知名度。开展上门招商,组建招商团队赴外地小家电知名企业洽谈合作,赴科研机构引进人才和项目,建设小家电研究院和创业创新孵化平台。

(二) 龙头企业引领小镇产业发展

产业发展是小镇成功的核心,没有产业支撑的小镇生命力不强。小镇卓力集团、月立电器、凯波集团等小家电龙头企业率先进行智能化、数字化生产改造提升,产品模块化、标准化、装配智能化、流程数字化改造之后,逐渐确立了国内领先地位。成立小家电智能化专业服务公司、专业工程服务公司,建设云平台帮助众多中小企业进行改造升级,全面提升产业集群的智能化水平。

(三) 谋划"产城人文"融合发展

在发展小家电核心产业的同时,按照3A级工业旅游景区要求,把产业发展和文化旅游集合起来发展工业旅游,开发"小镇服务中心—规划展示馆—

博览中心—研究院—企业生产体验—购物街区"的旅游线路,实现"家电文化博览＋智能制造体验＋旅游购物"一体化,发展"小家电体验旅游"。围绕产业进行生活社区建设,筹建家电学院,建设党群服务中心,提升生产与生活融合功能。

三、小家电产业转型从"制造"到"智造"

(一) 慈溪小家电产业面临战略困境

浙江省有成上万家中小家电企业及配套企业,集中产区为慈溪市的周巷镇、观海卫镇、附海镇和余姚市的临山镇,在国内外形势、产业发展趋势变化之下,慈溪市小家电产业必须转型升级。

1. 品牌无优势

小家电企业自主品牌少、品牌知名度低、自主研发能力不强,以贴牌生产为主,一线品牌少,缺乏自己的销售渠道,一线品牌、千亿级家电巨头向低端市场渗透,凭借品牌优势、低成本优势、物流成本优势,挤占了小家电中小企业的生存空间。

2. 国际竞争带来行业压力

法国 SEB 集团并购浙江苏泊尔,荷兰飞利浦收购奔腾电器,小家电行业已经面临国际竞争的压力。国际家电巨头、国际资本涌入,搅动了国内小家电市场。国际贸易环境带来小家电行业困境。随着生产成本增加,一些小家电企业向成本更低的东南亚地区转移,浙江省小家电逐渐失去价格优势。浙江省小家电产品出口量大,但近几年世界经济形势整体下滑,消费市场疲软,美元兑人民币汇率变动,加之2018年以来美国发动贸易战,征收高额关税,因此产品出口受到影响。

3. 小家电行业转型升级已成趋势

国内小家电生产三大基地之一的广东省,其小家电产业集群启动了数字化升级。提升产品智能化水平,从原料、生产、质检、包装、物流全程实时监控,实现生产、销售全程无缝衔接。对产品进行数字化改造,打造工业物联网。开始由"中国制造"向"中国品牌"转型。

4. 招工难用工难

一线员工流动性大，一部分员工对工资敏感，哪里工资高就往哪里去。订单多时需要大量员工或者需要员工加班，不少人不愿意加班，导致员工流动性增大，导致流动性"用工荒"。社会心理改变造成时代"用工荒"，"80后""90后"员工没有经历过繁重的生活压力磨炼，对生活品质要求高，对工作环境要求高。每年节后招工难成为一个难题，一部分员工春节回老家后在家创业，一部分新生代员工享受假期不急于工作，造成节后"用工荒"。

5. 用工成本高

东部地区工资水平整体上大幅提高，多数小家电企业的员工工资已经占到销售收入的10%—15%，物价水平提高，工资水平也要跟随提高。

6. 同质化竞争加剧

国内小家电市场生产力总体过剩，同类产品可替代率高，竞争激烈，价格战已经过了白热化阶段，未来谁能在转型升级中抓住机遇、领先一步，才能在竞争中胜出。

（二）产业转型从"制造"到"智造"

1. 小家电产品生产过程数字化

家电企业引进数字化生产线，推动家用电器核心组件模块化、标准化，提高产品生产效率，提高了产品质量，降低产品生产成本，降低了产品维修成本。

2. 小家电产品设计时尚化

慈溪小家电智造小镇与深圳创新设计研究院合作，成立慈溪小家电创新设计研究院，对传统小家电进行时尚化设计升级，通过举办中国（慈溪）小家电创新设计大赛、电吹风创新设计大赛、电熨斗创新设计大赛等活动，征集创新设计作品，并将适合时代消费观念、消费心理、消费审美的创新设计运用到产品中，"借智"实现小家电由"传统型"逐步走向"时尚型"。

3. 小家电产品功能智能化

小镇设立慈溪智能家电创新中心，制定小家电产品"智能化标准"，推动在传统小家电产品中植入传感器、控制芯片和控制软件，对装配环节进行的智能化改造,推动智能化小家电和互联网、人工智能、大数据深度融合。如生产电熨斗类产品的卓力电器和国际电气巨头飞利浦、康奈尔、雷明登等开展产品智能化合作,引进增压整烫技术,成为国内三个掌握此项技术的企业之一。

4. 小家电产业公共服务平台化

政府规划建设小家电创业创新服务综合服务中心、创新设计中心、企业研发中心、产品检测中心、工程服务中心等,为小家电产业转型升级提供综合服务、设计创新、产品创新、工程服务、质检服务、科技孵化等服务。成立智能家电新材料创新中心、家电供应链平台、家电云等中小企业提供配套服务和大数据服务。① 慈溪小家电智造小镇整合区域内技术资源、政府资源,推动小家电产业集群成为全国创新中心。

图5-5　慈溪小家电智造小镇鸟瞰图

---

① 《周巷家电产业迎来智造新时代》,《慈溪日报》2019年1月25日。

第六节

生产优质的智能马桶——椒江智能马桶小镇

椒江智能马桶小镇于2018年9月入选浙江省第四批特色小镇创建名单。智能马桶因前几年中国游客赴日本旅游疯狂购买智能马桶盖而引起社会广泛关注,让社会聚焦于浙江省的智能马桶产业。中国游客出国买回来的智能马桶盖却产自浙江,国内智能马桶有一半产自浙江省台州市,台州市2/3的智能马桶又产自台州椒江区。

一、椒江智能马桶小镇聚焦马桶产业

椒江智能马桶小镇位于浙江省台州市椒江区东部区块,位于主城区以东、椒江南岸,东邻滨海路,南至市府大道,西接椒金路,北接绿色药都小镇,距离台州市政府约6千米,临近港口、机场、沿海高速,S225省道穿境而过,未来的轻轨站将在小镇设站点。椒江区处于台州湾入海口,旧称"海门",现在为台州市主城区。电气机械和器材制造业,医药制造业,计算机、通信和其他电子设备制造业,专用设备制造业是主要产业,近年来高新技术产业、装备制造业和战略

图5-6 椒江智能马桶小镇规划图

型新兴产业增长较快。

椒江智能马桶小镇规划区域3.41平方千米,核心区面积1.14平方千米,其中工业用地2296亩。建设布局为"一心两廊五区","一心"为小镇客厅,"两廊"为滨河生态绿廊和文化生态走廊,"五区"为高端整机区、品质生活区、创新孵化区、核心配套区、智慧物流区。三年计划投入51.39亿元,新增高新技术企业10家,工业产值突破百亿元,按照三生融合、产城人文游一体的理念,创建3A级景区,把椒江智能马桶小镇打造成为创新引领、高端集聚、品质美誉、智能体验的特色小镇。

二、椒江智能马桶小镇致力于马桶市场

(一) 椒江智能马桶小镇的产业基础

台州是我国知名的智能卫浴产区和五金龙头产区,其中智能马桶产业已经有20多年的历史,企业多、产量大、品牌多、产业链完整,是台州市七大千亿元产业之一。椒江区在智能马桶制造领域创造出许多第一:1995年生产出我国第一个智能坐便盖——维卫智能马桶盖;2003年生产出我国第一台一体式智能马桶盖——便洁宝智能马桶盖;2007年生产出我国第一个无水箱智能马桶——西马智能马桶;怡和智能马桶公司拥有"即热变频加热技术",拥有国内唯一的国家级智能马桶产品检测中心,主导起草智能马桶制造标准、智能马桶行业标准、智能马桶浙江制造团体标准。

椒江智能马桶形成品牌集聚。椒江区是智能马桶产业的产业集群区也是发源地,自维卫智能马桶盖开始,已经形成了一大批智能卫浴品牌,星星便洁宝、怡和、维卫被列入中国十大智能卫浴品牌,并参与了行业标准和国家标准起草。特洁尔、摩尔舒、万洁、亚特欣、艺马、杜马、澳帝等品牌在业界拥有良好口碑。

椒江区智能马桶产业发展势头良好。2016年国内消费市场销售出智能马桶约200万台,台州市约生产了其中的一半,其中椒江区约生产60万台。椒江区智能马桶不仅产量巨大,而且注重质量检测,2017年国抽合格率达

90.9%。获得省内首张智能马桶"浙江制造"认证和美国UL认证。[1]技术创新取得成效,椒江智能马桶产品从2016年底至2018年底专利数由732件升至803件,其中发明专利由231项升至302项。拥有国家高新技术企业4家,省级研发中心2家,市级企业技术中心3家,市级以上智能马桶科技项目3项,拥有智能马桶整机生产企业13家。

(二) 椒江智能马桶小镇产业目标

1. 形成智能马桶产业集群

通过小镇建设推进智能马桶企业转型升级,推动产学研一体化,提升产品创新能力,形成完整产业链,提升智能马桶小镇总产值,2020年达100亿元,2025年达300亿元,培育一批高新技术企业和上市公司。

2. 培育智能马桶优质品牌

通过执行智能马桶国家标准、团体标准、行业标准,提升智能马桶产品品质,增加智能马桶整机企业数量,产品合格率力争达到100%,培育一批知名品牌。

3. 形成智能马桶生态四化

通过产业集群形成企业间良性竞争,通过严格质检标准形成品质竞争,通过龙头企业技术改造示范推动行业生产数字化改造、技术革新、设备更新,形成智能马桶生态系统集群化、智能化、品质化、品牌化。

4. 成为智能马桶产业核心区

通过完善产业链,集聚配套项目企业,引进卫浴知名企业,吸引智能卫浴专业人才,提高产品研发水平、产品制品,塑造知名品牌,加强品牌营销,实现产业推升,成为台州市甚至全国的智能马桶产业核心区。

三、椒江智能马桶小镇产业转型升级

椒江智能马桶产业已经稳居全国马桶生产基地前三位,政府通过政策引

---

[1] 于倩:《台州椒江:一只智能马桶盖的逆袭》,《市场导报》2019年5月10日。

导,鼓励支持企业进行技术革新、塑造品牌、争创名牌产品。椒江卫浴企业积极参与行业标准制定,产品销量逐年上升。在新的经济形势下,智能马桶产业也面临供给侧改革,通过椒江智能马桶小镇建设推动智能马桶产业转型升级。

(一) 引导企业向现代企业制度转型

椒江智能马桶企业中有许多家族企业,这些中小企业在做大成为巨型企业或者即将成为巨型企业的时候,家族企业管理的短板就体现出来。政府出台政策鼓励企业股改上市。给予股改企业最高100万元奖励,给予上市企业最高1200万元奖励,鼓励企业并购重组。

(二) 提升企业创新能力

政府出资对企业进行专题培训,指导企业进行技术改造并申报科技型企业,以获取科技补贴。搭建校企联合平台,成立研究院、研究中心、创新中心,企业和科研院所、高校联合攻关,研发智能马桶新产品。

(三) 推动"马桶＋互联网"改造

椒江智能卫浴企业营销已经普遍开展线上销售,正在创新电商营销模式——"线下体验＋线上购物＋全程服务",拓展销售渠道和方式,提升服务质量。智能卫浴企业引入工业机器人、云计算、大数据、物联网等设备和技术,对产品设计、生产、包装、物流全过程开展智能化改造。

(四) 实施招商引智工程

人才是产业转型发展的核心要素,产业发展需要各层次人才。政府出台人才政策,对引进人才给予资金、落户、创业、子女教育等各方面优惠。开展"政校企"合作,鼓励企业招人、产业链招人;举办设计大赛,鼓励参加各类设计比赛,搭建创意成果展示平台、创意人才成长平台;与台州技师学院、椒江职业中专等院校合作培养技能工人。通过多层次、多渠道引进和培养人才,为企业提供人才和智慧支持。

第六章 金融特色小镇

金融业历史悠久,其历史可追溯至公元前2000年巴比伦神庙的货币监管和公元前6世纪希腊寺庙的放款业务。金融业在现代经济体系中的作用不言而喻,浙江省提出集中力量发展信息、环保、健康、旅游、时尚、金融、高端装备制造、文化等八大行业,每个行业都成为万亿产业,并建成一批具有国际竞争力的工业基地。金融小镇正是在经济背景和政策背景双重驱动下成为创建重点。金融特色小镇是指集聚金融资源,构建金融产业生态,促进金融产业集聚发展的小镇,全省各地都在积极创建金融小镇,力图获得先发优势。至2018年底,全国共建设基金小镇61家。浙江省计划建设100个特色小镇,上城玉皇山南基金小镇是2017年8月正式命名为省级特色小镇,它是省级特色小镇中唯一的金融特色小镇。浙江省级特色小镇创建名单(2018)列入了7个金融类特色小镇,分别是拱墅运河财富小镇、西湖西溪谷互联网金融小镇、萧山湘湖金融小镇、鄞州四明金融小镇、海曙月湖金汇小镇、南湖基金小镇、义乌丝路金融小镇。[1]

---

[1]《2018浙江省级特色小镇最新名单公布》(名单详情按照产业与地区汇总),http://www.reportway.org/tesexiaozhengyanjiu/20861.html。

第一节

金融产业强者益强——上城玉皇山南基金小镇

金融业是工业的血液,金融业发达的地区为工业发展提供资金支持,促进产业发展以及新兴产业兴起。杭州市金融类小镇成为杭州经济发展的源头活水。杭州上城玉皇山南基金小镇于2015年入选浙江第一批省级特色小镇创建名单,2017年8月和余杭梦想小镇一起被正式命名为首批省级特色小镇。

一、上城玉皇山南基金小镇特色鲜明

上城玉皇山南基金小镇位于杭州市上城区玉皇山南地区,钱塘江北岸,西湖风景区的南端。玉皇山南地区是南宋造币纸局会子纸局所在地,也是皇室的主要活动地。上城区是杭州市的中心城区,是杭州市传统的金融服务业集聚区域,小镇地处杭州市金融产业集聚区之一。小镇距西湖约3千米,距杭州CBD钱江新城6千米,距火车站10分钟,距萧山国际机场30分钟,地铁4号线通过小镇。①

上城玉皇山南基金小镇总规划区域5平方千米,核心区域3平方千米,新规划建筑25万平方米,实际用于办公建筑面积约70万平方米。打造"金融＋旅游",规划布局为"一心一带五区",即一个游客服务中心,一个金融产业带以及文化展览馆、特色游步道、休闲营地、风情街、金融文化展示馆等。

上城玉皇山南基金小镇发展目标:引入和培育私募证券基金、私募商品

---

① 孙文华:《浙江玉皇山南基金小镇》,http://mini.eastday.com。

（期货）基金、对冲基金、量化投资基金、私募股权基金等五大类私募基金，建立私募（对冲）基金生态系统和产业链；引进和培养高素质基金专业化人才，推进"千里马计划""千人计划"等人才项目，成为"基金管理人的摇篮"；形成基金产业集群，打造格林尼治基金小镇中国版。将玉皇山南基金小镇建设成为私募（对冲）基金产业聚集区、研究交流中心、人才培育创新基地，成为我国私募基金集聚发展的典范。

二、上城玉皇山南基金小镇建设与发展

2000年之前，玉皇山南曾是陶瓷品市场加工基地，环境脏乱差。2007年玉皇山南对原来的旧仓库、旧厂房、旧民居、城中村进行改造，为经济发展做好环境准备。2012年在旧仓库、旧厂房里建设杭州山南国际创意产业园，发展文创产业。2014年创意园核心产业从文创产业转为私募基金产业转变，评审通过玉皇山南基金小镇产业规划。2016年7月小镇挂牌杭州市金融人才管理改革试验区。2017年小镇与美国格林尼治小镇签订友好合作备忘录。2017年8月被命名为首批省级特色小镇。2018年5月被评为全国首个特色小镇类的4A级旅游景区。

上城玉皇山南基金小镇发展基础雄厚。金融业为浙江省规划发展的八大万亿产业之一，杭州市作为省会城市，是浙江省的政治、经济、文化中心，贯彻省级战略规划，主导绿色发展，把金融业作为未来的主导产业之一。2018年12月21日出台《杭州市人民政府关于推进长三角南翼金融中心建设的若干意见》，杭州金融业发展目标是成为"长三角南翼的金融中心"。杭州市作为长三角经济区的中心城市之一，企业总部和高净值人群聚集度高，金融发展水平在国内紧随上海、北京和深圳，基金小镇发展的产业基础雄厚。

上城玉皇山南基金小镇自然人文资源丰富。小镇为4A级旅游景区，有三大街巷（安家塘、凤凰山路风情街、甘水巷）、四大公园（八卦田遗址公园、白塔公园、小镇水景公园、江洋畈生态公园）、五大展馆（龙泉官窑博物馆、南宋官窑博物馆、白塔历史文化陈列馆、蕉叶山房、光达美术馆）、七大遗迹（吴汉月墓、杭县公署第171号令牌、白塔、天龙寺造像、白云庵、大资福庙、八卦田遗

址）。风景名胜成为"产城人文"融合发展的人文基础。

上城玉皇山南基金小镇初步形成金融生态圈。至2018年底，小镇内聚集的众多优质金融行业龙头企业、知名企业，如敦和资管、赛伯乐投资、凯泰资本等私募龙头企业，如有国资背景的国新国际、建行"一带一路"亚太基金、中金启元等企业纷纷入驻小镇。小镇集聚金融机构近3000家，管理资产规模超过1万亿元。

三、上城玉皇山南基金小镇促进产业融合发展

政策优势"筑巢引凤"，打造专业化金融生态圈。引进知名和优质金融企业，管理资产超万亿，形成了产业集群。减免税收，吸引众多金融企业。小镇金融产业链完整，举办全球私募基金西湖峰会等高端会议，促进了小镇专业化特色。提供"保姆式服务"吸引人才。组织金融人才招聘专场会，为企业组团招聘人才。建造人才公寓、提供住房补贴、成立小镇国际医疗中心、基金经理人之家以吸引人才和为人才服务，设立出入境服务站，为出入境人士提供就近服务。规划社区活动中心、办公楼、咖啡厅等生活场所，营造生活空间。累计引进5000多名金融专业人才，其中海归人才600多名，研究生及以上人才近2000名。[1]

金融投资企业实体提升产业经济市场化水平。金融资本为战略新兴产业提供资本、项目和人才要素，促进实体经济的发展。如凯泰资本投资生物医药、杭州联创投资医疗器械、赛伯乐资本投资微电子芯片高新科技，实现资本与产业对接融合发展。[2]

基金小镇"请进来""走出去"并举提升国际化水平。小镇积极参与国际交流与合作，和美国格林尼治基金小镇对接合作，举办金融峰会，在伦敦、纽约成立海外代表处，签约"一带一路"项目。通过一系列活动和行动小镇的国际化程度不断提高。

---

[1] 秦媛、张奇宇、孙正等：《金融小镇建设发展研究》，《中国管理信息化》2017年第24期。
[2]《玉皇山南基金小镇崛起之路："三化"造世界级样本轮廓》，http://www.chinanews.com。

上城玉皇山南基金小镇培育了五类私募基金,引进了高端人才,集聚了数千家金融企业,有力推动了上城区区域金融中心的形成,形成了金融产业集群。上城玉皇山南基金小镇虽然主要业务为传统理财金融业,但是在发展过程中金融企业和实体经济融合项目增多,促进了产业和科技进步。

四、杭州市政策驱动金融服务业快速集聚发展

杭州市为了为私募金融发展营造环境,促进其集聚发展,通过政策优惠措施,推进金融产业发展,构建财富管理中心。2015年11月16日,杭州市下发《杭州市人民政府关于加快我市私募金融服务业发展的实施意见》(杭政函〔2015〕149号),鼓励发展私募金融机构、财富管理中介、场外交易市场的"金三角"金融业。对金融业服务业进行财政扶持,主要体现在以下几个方面:

对办公用房进行补助。对购买自由办公用房的,给予不超过1000元/平方米、总额不超过200万元的补助,三年内兑现。对租赁办公用房的给予不超过1.5元/平方米·天、总额不超过50万元的补助,补助不超过三年。对办公用房的补贴对初创企业的作用极其巨大。

对规模发展进行奖励。依据规模程度给予相应奖励。创业投资基金和私募股权基金,规模达到1亿元、2亿元、5亿元的,分别给予1%、1.5%、2%以内比例奖励。私募证券基金,规模达到5亿元、10亿元、20亿元的,分别给予1%、1.5%、2%以内比例奖励。其他类私募基金,规模达到10亿元、20亿元、50亿元的,分别给予0.5%、1%、1.5%以内比例奖励。

人才政策。对企业高管和符合杭州市人才条件的人才给予人才落户、子女入学、住房补贴、安家费等方面的优惠和便利。

鼓励金融集聚发展。对金融集聚发展的对冲基金小镇、创业基金小镇、科技金融小镇、互联网金融小镇等各类小镇给予土地指标等方面的优先安排,走集聚发展之路。

第二节
革命圣地发展金融产业——南湖基金小镇

嘉兴市四个县市都是全国百强县市,资金量充足,为基金管理企业集中发展提供了土壤。南湖基金小镇的前身是2010年12月南湖区申报的浙江省省级金融创新示范区,2012年提出建设南湖基金小镇,2014年嘉兴被列为科技金融改革创新试验区,2015年南湖基金小镇被列入浙江省首批特色小镇创建名单。2019年荣获"融资中国2018—2019年度中国十佳基金小镇"称号。

一、南湖基金小镇区位优势

南湖基金小镇位于浙江省嘉兴市南湖区东部新城,南湖区是嘉兴市主城区。南湖区位于杭嘉湖平原,自古以来就是"丝绸之府、鱼米之乡",近年来五芳斋粽子老字号闻名全国。南湖区是中国革命圣地,是"南湖精神"发源地。嘉兴市是经济较为发达的地区,其下辖四个县市全部是中国百强县市,经济活力强。2017年8月发布的《上海市城市总体规划(2016—2040)(草案)》中,嘉兴被纳入上海大都市圈。南湖基金小镇位于南湖区,东至三环东路,南至三环南路,西至庆丰路,北至长水路。南湖区交通便利,高速公路方面有"三纵三横",即南北向有嘉兴—南通、嘉兴—绍兴、嘉兴—萧山三条高速公路,东西向有申嘉湖(杭)、沪杭、杭浦三条高速公路。铁路方面有乍嘉湖铁路、沪杭铁路穿境,紧邻嘉兴高铁南站。机场方面有四大机场相邻:距上海虹桥国际机场和杭州萧山国际机场各为90千米,距上海浦东国际机场和宁波国际机场各为120千米。①

　　南湖基金小镇规划面积2.04平方千米,分四期建设。建筑主体有高层办公楼、亲水花园式办公楼、论坛会场、金融人才培训中心、配套商业、高端酒店、金融家俱乐部会所、美式私校、公立学校、服务式公寓和部分配套住宅等在内的多种业态。

　　南湖基金小镇产业定位:私募股权投资基金小镇。

　　南湖基金小镇发展目标:创建基金小镇和财富聚集区两个中心,提供金融服务和综合服务,把小镇建设成为长三角地区汇集高端元素的金融创新示范区,形成集新型化、品质化及专业化于一体的南湖基金小镇。

　　南湖基金小镇建设理念:打造适应基金产业特色和人才需求的人与自然和谐发展的多元化、个性化场景。建设绿色办公环境,规划以中央湖心景观为核心的森林办公、水岸办公、岛屿办公环境。建设零距离交流环境,规划以优雅安逸为特征的适合基金从业人员交流的空间构造和信息平台。建设高品质居住环境,规划建设水景景观和园林景观。

二、南湖基金小镇创新发展科技金融

　　南湖基金小镇发展成为万亿"航母"。小镇从2012—2018年的七年时间内,基金人教年均增长率超过百分百,2018年4月基金认缴数超过万亿元。至2019年6月,小镇引进投资类企业6600多家,认缴规模超过14500亿元。

　　形成基金全产业链"金融生态圈"。至2018年底,引进和培育了红杉资本、硅谷天堂、蓝驰创投、赛富投资等6000多家基金公司,管理基金超过13000亿元,投入实体经济3300多亿元。②

　　打造科创板孵化器。为拟去科创板上市的企业进行前期投融资服务,2019年5月小镇"投融圈"平台为支持的高新技术产业、战略新兴产业开展项目对接会。2019年7月上市科创板的首批25家企业中,小镇15家私服股权基

---

① 南湖基金小镇提供的《嘉兴市南湖金融区概念规划设计》。
②《南湖基金小镇吸引创投基金超6000家》,《证券日报》2019年3月22日。

金投资了其中的澜起科技、虹软科技、中微公司、方邦股份、福光股份等5家企业。[①]

南湖基金小镇获得优秀声誉。2018年被评为"2017年中国最具实力基金小镇",2018年小镇被评为3A级景区,获评为省级特色小镇创建对象优秀小镇。

三、政府公共服务助推南湖基金小镇建设

构建"政府主导＋市场运作"模式,保障小镇正确方向。政府主导政策制度提供,对小镇建筑设计规划、基础设施建设、产业主导方向、奖励鼓励措施等进行顶层设计和基础夯实,为企业发展保驾护航和公共服务。市场主体按照市场规律入驻小镇和合法经营,取得利益赢得发展。2012年8月成立嘉兴南湖金融区建设开发有限公司负责招商、金融服务和基金小镇打造管理,政府国资企业嘉兴市南湖新区开发建设有限公司出资30%,投资企业苏州基盛九鼎投资中心(有限合伙)出资70%。

构建"学习＋创新"模式,打造基金小镇。嘉兴地处长三角经济区的中心地带和沪杭金融中心影响地带,私募股权基金在嘉兴地区业务多影响大,南湖区借鉴美国格林尼治小镇和沙丘路小镇经验,把推动特色小镇建设的形势与本地区私募股权基金发展结合起来,开展扶持金融发展战略,建设南湖基金小镇。

构建"先规范＋后发展"模式,规避金融风险。建立并升级"南湖基金小镇·监管服务平台",升级工商信息、税务管理、资质审核、备案、数据统计等运行模块,增加变更审核模块。对2500多家企业进行金融风险排查,防控金融风险。

构建"基金＋产业＋园区"模式,推动实体经济发展。南湖基金小镇"投融圈"和嘉兴市科技城、嘉兴市人才局等组织和部门签订合作协议,投融资团

[①] 《超九成科创板企业获私募基金投资,南湖基金小镇入驻企业斩获颇丰!》,南湖基金微信公众号。

图6-1　南湖基金小镇鸟瞰图

队和160多家企业对接,帮助企业和投资方搭建桥梁,为130多家企业提供金融服务。小镇与孵化器"梧桐树下"进行合作,落地多个项目。

构建"基金＋优惠政策"模式,引进基金企业。从2012年开始,南湖区就制定了优惠的政策招商引资。其中入驻南湖区和小镇的企业自纳税之日起,6年内可以享受地方财政增值税、个人所得税、企业所得税70%的发展奖励。对投资3000万元以上的企业给予财政补助。

构建"金融＋高端人才"模式,实施人才驱动战略。完善金融圈,建立金融人才库,搭建人才交流平台,为基金企业提供人才支撑。截至2019年6月,小镇集聚金融从业人员近5000名,其中国千级人才6人,金融专才43人,高级职称人才25人,新四军人才147人,组成有21个金融创业团队。

构建"实体建筑＋金融服务"模式,推动金融企业集聚发展。打造小镇客厅、花园式办公楼等精品建筑,全面建设和提升道路、管线、电力及路边和水边绿化等基础设施,为金融人才和公司入驻提供优美的办公条件和环境。出台金融企业"一对一服务"措施,为企业入驻和人才引进、培养提供个性化服务、一站式服务、专业化服务。优化手续办理,实行审批新模式,实现"申报零纸张、电签零介质、审批零见面、领照零上门、办理零费用"。

第三节

都市区争夺金融高地——鄞州四明金融小镇

宁波是浙江省副省级城市,四大都市圈之一,金融产业是城市之间经济竞争的"主战场"之一,宁波积极发展金融业打造金融中心。鄞州四明金融小镇在响应浙江省建设100个特色小镇号召和宁波提出建设宁波版"曼哈顿"计划的节点创建,是浙江省级特色小镇创建名单(2018)中7个金融类特色小镇之一。在2018年9月《关于2017年度省级特色小镇创建和培育对象考核情况的通报》中被评为优秀特色小镇。

一、鄞州四明金融小镇取位宁波区位优势

鄞州四明金融小镇位于浙江省宁波市鄞州区中心城区,沿鄞州公园向东西两侧延伸,东西南北四至分别是南高教园区、奉化江、南部商务区、万达商圈。宁波市是世界第四大港口城市、长三角五大区域中心之一、长三角南翼经济中心、浙江省宁波都市圈的核心城市、浙江省经济中心之一、长三角经济带的重要节点城市,是"一带一路"的始发港之一,是海洋经济改革试验区,经济区位重要。鄞州区位于宁波市的中心位置,东部是北仑区、宁波老三区、镇海区,西部和北部是余姚市和慈溪市。小镇交通便捷,位于鄞州中心城区,距上海约160千米,距杭州约140千米,距高速入口约4千米,距高铁站约6千米,距宁波机场约8千米,处于宁波都市圈的中心地带,与上海、杭州形成1小时经济圈。

鄞州四明金融小镇规划占地总面积3.2平方千米,投资规模为70亿元。小镇规划布局"五区双千"。"五区"为基金管理总部区、公园景观区、商住混合

区（鄞州金融大厦及周边楼群、公园内开放式独栋用房）、小镇CBD区（南部商务区）、创业孵化区（科技信息孵化园）等五大板块。"双千"为力争用大约5年的时间，引进和培育天使投资基金、量化投资基金、财富管理机构等金融企业超

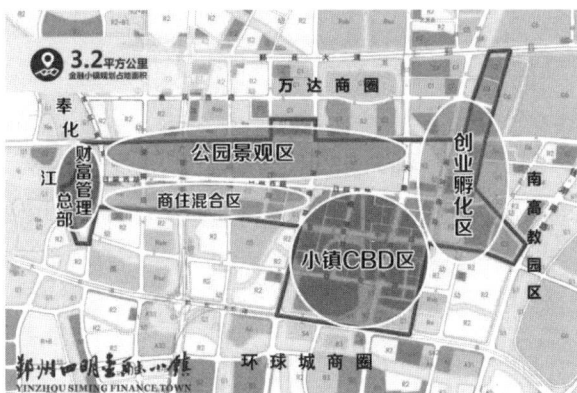

图6-2　鄞州四明金融小镇规划图

过1000家，管理资本规模超过1000亿元。

　　鄞州四明金融小镇产业定位：通过引进和培育等方式，集聚金融企业，形成金融生态，发展私募基金、财富管理、量化投资、互联网金融等新型金融产业。金融生态：特色产业为创新金融，战略产业为股权投资；金融产业生态成员为区域性、功能性金融机构、创新类金融机构、金融服务机构等；配套产业有产业服务、文化旅游、生活配套等。区域性金融机构主要指市级以上的银行、保险、证券、期货、信托、财务公司、资产管理公司以及金融租赁公司等机构。功能性金融机构是指独立注册的金融机构业务提供数据处理、资金清算、研究开发、业务管理等服务的机构。新型金融服务有创新类金融服务机构，主要指小额贷款、消费金融、供应链金融、票据服务等平台或机构，还有互联网金融等。金融中介服务机构主要是大数据服务、金融信息资讯、民间融资服务、金融教育培训、保险中介、资产评估、律师事务所、会计师事务所等中介服务机构。

二、鄞州四明金融小镇建设的基础与成就

　　鄞州具有发展金融小镇的基础。金融小镇建设绝不是空穴来风，要有一定的产业基础。注册地为鄞州的宁波股权交易中心于2016年7月开业，其时成功挂牌宁波股权交易中心的企业有126家，其中5家企业挂牌优选板，15家

企业挂牌成长板，106家企业挂牌创新板，其中转报新三板企业有4家。一年之后，挂牌企业总数达到155家，上市公司总数达到17家，发展迅猛。银行业、保险业发达，其中银行机构众多，达到108家。其中总行4家，有宁波银行、通商银行、鄞州银行、东海银行，分行21家，一级支行70家，营业部13家。保险业有保险24家，其中财险企业18家。鄞州区已经拥有540多家各类金融企业，聚集了1000多名金融人才。

宁波市金融业发展历史积淀深厚。近代中国历史上，宁波钱庄、宁波商帮在中国近代金融历史上举足轻重。宁波属于江南水乡，而且是海港城市，陆地经济和海洋经济相衔接，商人的资本运作能力强，形成了著名的宁波商帮，宁波经济发展迅速，成为"海上钱币之路"的始发港。宁波作为20世纪初五口通商的口岸之一，是长江流域乃至中国对外贸易的重要城市，当时有70多家钱庄集聚在宁波江厦街，成为当时的金融中心。宁波金融和实业结合，促进了商贸业、工业的发展。宁波人传承了金融、商贸文化基因。宁波港2017年位列世界十大港口第十位，2018年货物吞吐量超过10亿吨，排名世界第三位，中国第二位，宁波港被评为"世界五佳港口"。

鄞州四明金融小镇"产、城、人、文"重点项目建设取得成就。众多金融企业、金融服务企业及企业总部入驻小镇，"双千"目标已经完成，形成了金融生态圈雏形。金融小镇周边配套的学校、医院、商场、娱乐、酒店、博物馆、主体乐园等，已经建设完成，小镇已经满足城市生活的需要。占地面积达72.6公顷的鄞州公园，营造了良好的生态环境。建立人才集聚区，引进海外工程师、市级以上"千人计划"等200多名，海归人才4000多名，小镇也成为金融人才高地。

三、成立专项资金支持金融小镇建设

鄞州四明金融小镇开发指挥部2017年2月24日出台了《鄞州四明金融小镇金融建设专项资金管理办法》，由宁波市和鄞州区财政安排小镇金融建设专项资金对小镇项目进行补助。

对工商注册地位于金融小镇规划范围区域内的并在鄞州区纳税的区域性金融机构、功能性金融机构、基金企业、新金融服务机构、金融中介服务机构、符合条件的企业、机构、个人给予补助。

补助标准又称"五奖二补"，即落户开办奖励、孵化奖励、特殊贡献奖励、股权投资奖励、招商奖励、平台建设补助、人才补助等。

落户开办奖励：（1）对基金类企业、新型金融服务机构、金融服务机构设立起三年内实现贡献20万元以上的，享受一次性办公用房补贴。（2）对区域性、功能性金融机构的融资服务类企业给予不高于100万元的开办费补助；非金融服务类企业给予不高于60万元的开办费补助。

孵化奖励：奖励初创基金类企业，提供集中办公场地三年，按照考核结果给予不超过250平方米的房租补贴，第一年、第二年和第三年，一次补贴100%、80%、50%。

特殊贡献奖励：对基金类企业和合伙制企业有限合伙人进行相应奖励。

股权投资奖励：对股权投资基金管理企业，自设立三年内投资额达到3000万元的奖励30万元，达到5000万元的奖励50万元，达到1亿元以上的奖励100万元。

平台建设补助：对于各类金融研究交流平台建设，给予5%至10%的经费补助，每个平台最高补贴10万元；给予会议5万元至10万元的经费补贴；给予金融机构公开发行的刊物3万元至10万元的经费补助。补助额度根据投入大小、规模大小上下浮动。

人才补助：对于金融领军人才、金融高管、金融紧缺人才参加金融相关的国际公认资格高层次职业能力考试，给予总额为50%的补贴。对于参加国内外交流、学习、培训、进修的，给予每人每年国内最高5万元、国外最高10万元的培养经费资助。此外，开通三个"绿色通道"服务金融人才，在医疗保障、子女就学、配偶安置方面给予优先权。

此外还有"一事一议"政策和"一人一议"政策。

政策性制度变迁优势主要体现在，鄞州四明金融小镇专项资金奖励政策的特点力度大、范围广、分层次、细节化、可操作，政策引导产生了积极的效果。金融企业、金融服务企业、平台企业、人才集聚形成了集聚效应，小镇金融生态进入良性循环。金融业发展，"金融＋实业"同步发展。

万亿产业中的又一颗明珠——拱墅运河财富小镇

杭州市很多区域都在角力金融中心建设,在万亿产业发展中取得先发优势。拱墅区作为杭州市经济的先行区,也积极参与金融产业发展。拱墅运河财富小镇2016年入选浙江省第二批特色小镇创建名单,2017年、2018年获得杭州市市级小镇考核优秀。

一、拱墅运河财富小镇谱写运河财富传奇

拱墅运河财富小镇位于杭州市主城区中北部拱墅区,东至上塘路,西接湖墅路、小河路,南至胜利河,北至湖州街。小镇距杭州市武林广场约4千米,距西湖景区约6千米,距钱江新城核心城区约8千米。城区道路有上塘路、登云路、大关路,水上道路有运河水上巴士,地铁3号线、5号线穿过小镇。历史上是经济富庶之地。

拱墅运河财富小镇总规划区域约3.3平方千米,其中核心区1平方千米,建设100万平方米高端楼宇,总投资235亿元,2015—2017年第一期投入50亿元。以"金融产业链"为核心,发挥运河商贸文化、运河历史文化景观优势,挖掘新兴产业发展需求和社会财富管理需求,打造"三生融合"(生产、生活、生态)、商贸、文化可持续发展的全生态金融小镇和"两地一中心"(运河财富金融高地、文创科创资本集聚地、金融科技创新展示中心),钱塘江金融港湾运河板块。

拱墅运河财富小镇产业规划:重点发展文创投融资产业、互联网金融产业、理财服务产业。

拱墅运河财富小镇功能布局:区域布局"三中心九大项目",即大众理财服务中心、新兴资产交易中心、文创产业基金集聚中心。九大项目分别是:运河基金小街,即大兜路历史街区,在历史建筑遗存的基础上,建设配套公寓,构建财富交易展示平台、交易对接平台、交流平台;万通中心,主体为LEED金融国际甲级写字楼,为杭州市首座垂直金融街;绿地中央广场,为写字楼集群,绿地集团投资建设;远洋国际中心、英蓝国际金融中心、东部金融总部基地,均为综合写字楼;运河文化发布中心、胜利河旅游综合体、凯宾斯基酒店,为服务配套综合建筑。

二、拱墅运河财富小镇建设的基础和发展

拱墅运河财富小镇发展迅速。拱墅区于2004年提出打造运河CBD,紧随武林商圈和钱江新城商圈之后,成为杭城三大商圈之一;于2013年请浙江大学建筑研究院设计规划布局运河商圈;于2015年决定打造运河财富小镇;2016年出台扶持政策,奖励投资、招商引资等。经过几年的发展,一批重点项目开工或建成,入驻金融企业近400家。

拱墅运河财富小镇建设经济基础雄厚。小镇所在地带历来繁华,被称为"十里银湖"。拱墅区是杭州市城北中心区,也是城市经济转型升级的重点区域,工业产值逐步减少,服务业比重不断提升。服务业增加值占GDP比重达到80%以上,信息经济发展迅速,年增长在10%以上,产业结构更加优化。

拱墅区开放型经济发展加快。实际利用外资多,是浙商回归的首选地,产业链招商效果显著,外贸出口和服务贸易出口连年增长,新浪网技术项目、奇虎360项目等重点项目投资百亿元以上,拱墅区财富急剧增长。

拱墅运河财富小镇营商环境优良。拱墅区通过改革提升营商环境,实现"最多跑一次"改革百分百覆盖,项目开工前审批最多100天,实行"简化办、网上办、移动办、就近办",营商便利化优势进一步提升。

拱墅区平台经济成为新亮点。拱墅区建设发展智慧网谷数字经济小镇、北部软件园、运河财富小镇、上塘电商小镇、汽车互联网小镇、工业设计小镇、申花产业集聚区、北城·智汇园、康桥健康产业园、康桥新能源产业园等十大

平台,平台带动经济发展,提供经济发展动能。

拱墅区历史文化遗存丰富。沿运河两岸集中了大量的历史遗存,有桥西历史街区、通益公纱厂旧址、洋关旧址、"天下粮仓"富义仓、国家丝厂储备仓库、大兜路、小河路、香积寺石塔等历史文化街区、建筑和历史遗存。

拱墅区人才等创新要素集聚。拱墅区是杭州市人才政策落实较好的地区,人才资源丰富。引进和培育50名海外高层次人才,2名"国千人才",2名"省千人才",4名"省万人才",5名市"521人才"。创新驱动战略引领发展,有48家国家高新技术企业、7家省级研发中心、8家市级研发中心、1家省级企业研究院。[①]

拱墅运河财富小镇建设延续运河活力,塑造财富生态循环。一是腾笼换鸟。对原来的城中村、老工厂进行改造,拆旧造新、修旧如旧。对没有历史遗存价值的城中村进行拆迁改造,拆迁了居民2600多户、农户700多户、单位80多家,建设了万通中心、远洋国际中心、绿地中央广场等现代建筑。对小河直街、大兜路、青莎公园等运河沿线古建筑进行仿古规划维修,修旧如旧,成为历史文化厚重的历史风貌街区。二是进行平台建设。建设城市化发展中心、PPP项目交易平台、金融资本交易平台、艺术品交易公共服务平台,业务覆盖长三角经济区的江苏、浙江、安徽等省份。三是引进金融文创企业。集聚文创、金融企业超过600家,接待旅游年均80万元人次。四是重点项目投入使用。建筑面积13.8万平方米、投资21亿元的绿地中央广场投入使用,建筑面积11.8万平方米的杭州英蓝国际建成使用,建筑面积12.6万平方米的金诚之星、建筑面积14.1万平方米的万通中心、建筑面积1.8万平方米的金融文创发布中心、建筑面积9万平方米的运河基金小街等项目投入使用。五是文化配套设施优质化。文化站、养老服务设施、农贸市场、中小学、幼儿园等公共服务基础设施完备,对人才极具吸引力。六是运河财富小镇产业导向扶持政策。对新入驻企业最高给予1000万元的补助,购房补助最高2000万元、住房补助最高1000万元、建房补助最高2000万元。奖励投资实体企业最高500万元。对重大项目采取"一企一策"的措施。

---

① 《关于拱墅区2018年国民经济和社会发展执行计划情况与2019年国民经济和社会发展计划草案的报告》,http://www.gongshu.gov.cn。

第五节
互联网金融产业集群的必然——西湖西溪谷互联网金融小镇

西湖西溪谷互联网金融小镇是杭州第一批特色小镇,它是杭州第一个互联网金融产业集群,也是钱塘江金融港和城西科创大走廊的重要组成部分。2018年,该小镇入选浙江省级特色小镇创建名单,先后荣获"浙江十大金融集聚区""优秀金融集聚区"等称号。

一、西湖西溪谷互联网金融小镇集聚区位优势

西溪谷互联网金融小镇位于西湖区西溪谷核心区,东起浙江大学玉泉校区,南至老和山麓,西至花坞路,北至天目山路(包括天目山路北侧的古荡科技园)。西溪谷的规划是,东起浙江大学玉泉校区,对接黄龙国际商圈;南至老和山麓,紧邻西湖景区;西至留下绕城西线,比邻小和山高教园区;北至天目山路,紧邻西溪国家湿地公园,总规划区域为10.38平方千米。

西溪谷互联网金融小镇规划区域3.1平方千米,功能目标定位为,打造全国互联网金融创新中心杭州分中心,以互联网金融、创业风险投资、金融科技基础设施为核心业态,形成互联网金融上下游产业链、金融科技产业链,通过集聚和辐射效应,成为杭州金融中心(长三角南翼区域金融中心)的发动机。西溪谷互联网金融小镇空间布局为"一轴一带五星"。"一轴(或一心)"是互联网金融核心轴(核心区),是以浙大科技园为主,沿西溪路横向分布的互联网金融机构总部集中区。"一带"是西溪路互联网金融产业带。"五星"是古荡科技园商圈(区块)、桃源坞区块(山坞创投区)、白沙泉区块、百家园区块、互联网金融大厦区块等,分布金融中介服务业、互联网金融孵化器、风投机构、业

界交流等企业和平台。

小镇社区特色：以老和山景观区、山坞自然环境、历史文化、文化创意、互联网金融、旅游休闲、民俗风情体验、农家乐、农居SOHO等综合利用与整合，形成"产、城、人、文"融合发展，打造成文创山坞、金融山坞、民俗文化山坞、民宿经济山坞。

小镇产业特色：产业功能定位为"高新技术引擎、生态文化长廊、创新创意新地"，构建"一主六副"产业发展平台。以互联网金融为主，以股权投资、区块链、电子商务、信息软件、研发与技术服务、旅游休闲为副。以互联网金融为核心，以浙大科技园为基础，集聚金融人才，集聚有创新动力和发展潜力的科技型企业。西溪谷互联网金融小镇一期建成楼宇面积150万平方米，引入40家企业总部、30家研发中心，成为国内一流的互联网金融产业集聚平台。

二、西溪谷互联网金融小镇发展与建设

西溪谷互联网金融小镇形成全国首幢互联网金融大厦。金融小镇很快形成集聚优势，引来优秀企业、重点项目和平台。依托浙大科技园和周边高校的科技优势，智力转化为产业和经济的潜力，吸引了许多企业和创客。金融小镇引入了蘑菇街、赛伯乐基金小坞、福地创业园、X-WORK众创空间等平台，引入了阿里巴巴支付宝、芝麻信用、浙商创投、网金所、网商银行、珀莱雅总部、江南布衣慧展科技等重点项目，集聚众多企业和平台的互联网金融大厦，形成金融产业发展的基础和区域经济发展的增长点。

西溪谷互联网金融小镇建成全国第一个区块链产业园。2017年4月，西溪谷互联网金融小镇区块链产业园区正式落户小镇。小镇集聚了蚂蚁金服、网商银行等互联网金融企业，杭州羿贝科技有限公司、杭州浙大恩氏基因技术有限公司等区块链企业，以及浙江省区块链技术应用协会。区块链产业园将带动杭州市区块链产业良性发展。

西溪谷互联网金融小镇产业发展逐步拓展，并确立优势。互联网金融小镇已经发展了互联网金融产业、创业风险投资产业和金融科技基础设施，业务类包括余额宝业务、小微贷款业务、网络股权融资业务、网络债权融资业

务、互联网金融交易平台、互联网金融后台服务、电子商务结算业务、在线自由贸易区和跨境电子商务金融服务等。

人才优势吸引企业扎堆小镇。小镇管委会和浙大科技园管委会合作,加强各类人才引进和申报,推出"一站式"服务窗口,集聚了3000多名金融科技人才和互联网金融人才,1000多名智能制造和电子信息人才,800多名中高级人才,创新创业的企业和人才队伍相结合促进了产业发展。

西溪谷互联网金融小镇行政服务智能化。2018年小镇引入华数24小时综合自助服务终端机,可以为企业及员工提供即办事项54项、公共支付6项、行政审批办事指南查询服务157项,提升了办事效率,降低了行政成本。

2016年杭州市发布了《杭州市金融业发展"十三五"规划》,按照"一湾五镇多点"的布局,建设多层次、梯度协同发展和错位竞争的新金融空间,发展科技金融。"一湾"是指钱塘江金融港湾。"一湾"内又形成"一核两带多空间"。"一个核心"是钱江新城和钱江世纪城金融集聚区。"两带"是钱江金融大数据创新带和钱江私募基金带。"五镇"是指西溪谷互联网金融小镇、玉皇山基金小镇、运河财富小镇、湘湖金融小镇、黄公望金融小镇,侧重点分别为互联网金融、私募(对冲)基金、小微金融和财富管理、股权投资、产业投资基金。"多点"是指打造一批专业性、功能性强的金融服务产业园、金融集聚区、县域金融中心,发展壮大杭州金融市场,构建新金融业体系,通过改革,把杭州建成全国一流的资产管理中心,形成马太效应,确立财富管理中心优势。

第六节
宁波金融中心的集聚点——海曙月湖金汇小镇

宁波市经济活跃,金融产业活力足,金融企业多,具有发展金融业的要素优势。海曙区是宁波市的金融中心。宁波市海曙月湖金汇小镇2016年度省级特色小镇考核结果为优秀,入选第三批浙江省级特色小镇创建名单。

一、海曙月湖金汇小镇在古街区中发展现代金融业

海曙月湖金汇小镇位于浙江省宁波市海曙区和中心地带,包括月湖景区与海曙月湖西区(月湖历史街区),东至解放南路,南至灵桥路,西邻萧甬铁路,北至永丰路。

海曙月湖金汇小镇规划区域约3.5平方千米,其中核心区面积约1平方千米。小镇空间布局为"一核两轴三片"。"一个核心"是该镇的核心区域,包括月湖风景区和月湖西区,主要发展私募基金、产业基金和互联网金融产业,同时发展文化产业和旅游产业,实现金融和文化融合发展。"两轴"是产业发展轴,分别规划沿中山西路东西走向、沿孝闻街南北走向分布的金融产业发展轴、文化旅游发展轴。"三片"是围绕核心区的三个拓展片区。东片区为城隍庙—月湖盛园—莲桥沿线的历史文化街区,西片区为宁波工程学院海蓝宝众创社区(创新工场),北片区为秀水街—伏跗室—鼓楼沿线的历史文化街区。东片区规划发展私募基金、产业基金和互联网金融,辅以休闲购物。西片区规划发展孵化器,安置创新经济和教育培训企业。北片区规划发展证券、期货,以及相关服务业,如法律服务、会计审计、研究咨询等,辅以旅游、住宿、餐饮业。

小镇长期发展目标是建设成为长三角南翼"三大中心"，即互联网金融示范中心、高端金融集聚中心、众创金融产业中心。一期2015—2017年金融产业目标是引进企业超100家、管理资金超3000亿元、完成投资超50亿元、新增税收超5亿元。二期到2020年金融产业目标是引进企业超200家、管理资金超万亿元、新增税收超10亿元。文化创意休闲旅游产业的目标是建设国家5A级景区和年接待游客超过400万人次。

二、海曙月湖金汇小镇发展基础和建设

海曙区是经济比较发达的地区，人均收入高。2018年城镇居民人均可支配收入62000元，农村居民人均可支配收入33000元，地区生产总值1250亿元。经济比较活跃，商品销售总额3100亿元，货物出口额597亿元。三产中服务业发达，三产比例为1∶36.6∶62.4。经济质量整体提升，平台经济发展突出。建设临空经济区、省5A级电商产业基地——电子商务产业园、中新创智（宁波）产业园、资源循环利用基地、智能制造产业园等，活跃发达的经济为金融业和金融服务业提供了巨大的市场空间。①

海曙区是宁波市金融中心。金汇小镇的核心区月湖区域是传统的金融中心，是"过账制度"和"规元交易"的发源地。海曙区形成了银行业、证券业、保险业、基金、信托、融资租赁等全金融生态，为金汇小镇建设提供了发展沃土。月湖区域新金融起步早，区内有许多金融机构、上市公司总部、证券期货公司和私募机构。

海曙区建设金汇小镇具有人才优势。宁波市出台"百创汇海"人才新政18条，招商引智。引入24家企业总部，培育和引进134家国家科技型企业，有13家上市公司。人才政策和企业引智为小镇发展积累了人才基础。

海曙区文创产业基础良好。月湖区域历史上文人墨客、达官显贵、名门望族聚居，是宁波人的精神图腾之地。月湖历史街区东西横向约300米，南北

---

① 海曙区发改局：《关于海曙区2018年国民经济和社会发展计划执行情况及2019年国民经济和社会发展计划草案的报告》，http://www.haishu.gov.cn。

长约1000米,建筑古色古香,浸染了古典中式庭院和江南风情。区内天一阁闻名天下。海曙月湖金汇小镇正在创建天一阁·月湖国家5A级景区。

海曙月湖金汇小镇城市公共设施完善。小镇位于宁波市中心,学校、医院、文化、酒店、商场等商业、商务、生活配套齐全、优质。城市交通便利,地铁1号线、2号线、4号线经过,毗邻高铁站。

海曙月湖金汇小镇的发展,离不开政策的扶持。政府确立"政府引导、企业主导、市场运作"创建原则,成立海曙月湖金汇小镇管委会负责全面管理协调,成立宁波市海城投资开发有限公司负责核心区建设,开展"最多跑一次"服务改革,为引进企业实行全过程保姆式服务。

第七章 高端装备制造特色小镇

　　高端装备制造业是制造业核心竞争力所在，一个国家的战略性产业和工业崛起的重要衡量标志就是看是否有完备的高端装备制造业。中国现时代的任务是把装备制造业从"中国制造"转向"中国智造"，重点发展高端装备制造业。浙江省通过高端装备制造类小镇建设，以点带面促进高端装备制造业发展。

　　在浙江省级特色小镇创建名单(2018)中，高端装备制造类别有27个：余杭梦栖小镇、桐庐智慧安防小镇、萧山机器人小镇、临安云制造小镇、江北膜幻动力小镇、宁海智能汽车小镇、余姚智能光电小镇、余姚机器人智谷小镇、鄞州现代电车小镇、杭州湾汽车智创小镇、乐清智能电气小镇、长兴新能源小镇、德清通航智造小镇、南浔智能电梯小镇、秀洲光伏小镇、平湖光机电小镇、海盐核电小镇、海宁阳光科技小镇、新昌智能装备小镇、新昌万丰航空小镇、金华新能源汽车小镇、义乌绿色动力小镇、常山云耕小镇、黄岩智能模具小镇、路桥吉利汽车小镇、台州无人机航空小镇、缙云机床小镇。2018年9月《关于2017年度省级特色小镇创建和培育对象考核情况的通报》发布的24个优秀中高端装备制造业小镇中有秀洲光伏小镇、宁波杭州湾汽车智创小镇、长兴新能源小镇。①从创建至2018年，已经被命名为浙江省省级特色小镇有7个高端装备制造业特色小镇。

---

① 《2018浙江省级特色小镇最新名单公布》(名单详情按照产业与地区汇总)，http://www.reportway.org/tesexiaozhengyanjiu/20861.html。

第一节
高端装备制造业

工业体系完整度是一个国家工业实力的重要指标，"二战"时期工业体系最完整的国家是英国，20世纪八九十年代工业体系最完整的国家是美国，英国和美国都是制造业大国、强国，也是综合国力强国。当前中国拥有39个工业大类，191个工业中类，525个工业小类，能够自给自足生产小到螺丝钉大到航空母舰，是世界上工业体系最完整的国家。但是，中国只能算是制造业大国、工业大国，还算不上工业强国，因为在关键技术、关键领域、关键材料等方面与发达国家还有差距。因此，发展高端装备制造业，补足工业短板，提高在核心领域的话语权、产品附加值和竞争力势在必行。

一、世界强国都注重装备制造业

装备制造业是制造业的基础，是为生产提供装备的各类制造业的总称，是机械工业的核心，是工业中的工业，是工业的基石和心脏。装备制造业属于工业中的重工业，为工业生产提供通用设备制造、专业设备制造、通信设备制造、电子设备制造、交通运输设备制造、机械和设备维修等。

高端装备制造产业又叫先进装备制造业，指装备制造业中高技术含量、高附加值、占据产业链核心部位的高端领域。高端装备制造业属于知识密集、技术密集、资金密集的高精尖领域产业，处于工业生产的价值链高端，是产业链的核心竞争力。

世界上很多发达国家都比较重视装备制造业，特别是高端装备制造业，德国提出《德国工业4.0》，美国提出《美国先进制造业国家战略计划》，日本提出《日本物联网升级制造模式》，抢占先进装备制造业高地，或者由过分倾向服务业转向平衡发展装备制造业，提出"再工业化"计划和"制造业回归"计划，优先发展工业设计、工业制造和装备智能化，引发全世界开展智能制造研发和生产竞赛。中国提出《中国制造2025》，缩短与发达国家之间的差距，实现制造业强国目标。

二、中国高端装备制造业发展现状

改革开放40多年的发展，为我国工业装备制造业积累了雄厚的基础，基本满足了国民经济生产的需要，但是在高精尖端领域和体制机制上面与发达国家和地区还有一定的差距。

高端装备主要依赖进口。其中汽车、飞机、轮船等发动机，八成以上依赖进口。高端数控机床、仪器仪表、高端医疗器械等领域缺少核心技术，只能生产一些中低端产品。存储芯片国产化低、高端芯片依赖进口，特别是美国对中兴和华为实行禁令以后，缺"芯"问题凸显。一些产品的关键零部件技术水平与国外差距很大。

制度体系制约高端装备制造业发展。标准体系不够完善或者标准低，社会诚信制度和工匠精神尚未建立。中高端装备制造业人才培养和储备跟不上形势的需要，逆向研发影响了基础研究和正向研发，核心技术仍普遍落后。科技创新中的"短平快"创新和"微创新"多，核心技术创新、整体性创新研发不足，"引进"思维固化，自主意识不强。对已有的专利技术、产品的知识产权保护不力、意识不强。关键技术、核心零部件等受到发达国家技术壁垒和科技围堵。

发展高端装备制造业，需要制度引领，从政策上给予支持和扶持。通过基金、科研项目、低息贷款、贴息贷款、优先使用、政府采购优先等措施，引导社会对高端装备制造业进行投入。加大对装备制造业的基础性研发的投入，加强人才储备和加大培养力度。加强国内联合研发，成立国内技术联盟，提升整体研发能力。继续深化国际合作，开拓国际市场，优化国际分工合作。

三、《中国制造2025》

为提升制造业水平和能力,2015年国务院审议通过了《中国制造2025》的强国战略,坚持"创新驱动、质量为先、绿色发展、结构优化、人才为本"的基本方针,坚持"市场主导、政府引导,立足当前、着眼长远,整体推进、重点突破,自主发展、开放合作"的基本原则,用10年时间,从制造业大国发展成为制造业强国。用信息化和智能化融合工业化,发展智能制造。

《中国制造2025》主要发展五大工程和十大主要领域。五大工程是开展新信息技术与装备制造融合的智能制造工程、发展核心零部件和先进基础工艺以及关键材料的工业强基工程、清洁节能循环环保领域的绿色制造工程、制造业共生链领域创新的制造业创新中心建设工程、标志性和带动性装备的高端装备创新工程等。十大领域是新一代信息技术产业、高端数控机床和机器人、航空航天设备、海洋工程设备和高科技船舶、先进的轨道交通设备、节能汽车与新能源汽车、电力设备、农机设备、新材料、生物医药及高性能医疗器械设备。

《中国制造2025》战略实施以来,我国的装备制造业升级换代步伐加快,持续创新能力增强,高端智能技术部分领域已经处于世界领先地位,高端装备制造业的产值逐年增加,国际竞争力增强。美国于2018年3月以来发动的贸易战,其核心目标之一就是限制中国实施《中国制造2025》,从相反的方面来看,证明了发展高端装备制造业战略对中国发展起到了积极的作用。

工业4.0的排头兵——余杭梦栖小镇

　　余杭梦栖小镇是我国工业4.0、工业设计3.0发展排头兵,是中国第一个工业设计特色小镇,2016年世界工业设计大会在小镇召开。2016年入选浙江省第二批特色小镇创建名单,2018年5月24日入选最美特色小镇50强。

一、余杭梦栖小镇聚焦工业设计

　　余杭梦栖小镇位于浙江省杭州市余杭区良渚新城。梦栖小镇来源于沈括《梦溪笔谈》中"梦溪"的谐音,意为"设计梦想栖息之地"。沈括是古代著名的设计大师、创新大师,故乡在今天的良渚。余杭梦栖小镇由三条高速公路(杭州绕城高速、杭长高速、杭宁高速)、一条国道(104国道)、四条主干道(古墩路、康良路、莫干山路、良祥路)、一条地铁(地铁2号线)构成交通网络。

　　余杭梦栖小镇规划核心区域3.2平方千米。2015—2017年三年内集聚5000名创客和设计人员,引进500家设计产业项目,引进50亿元社会投资。战略目标为以开放、包容、多元、跨界的理念,通过创新、创意和创造,发展服务于高端装备制造业前端的设计产业,布局工业设计、商业设计、智能设计等各类设计产业,把余杭梦栖小镇发展成为设计界的"设计创新先导区、设计创客朝圣地、设计经济新蓝海"。产业定位为包括工业设计、工艺美术设计、时尚设计、建筑设计、多媒体设计、展览设计等各类设计产业。小镇功能空间布局为"一核一环两区"。"一核"为核心区,东至杜文路,西至文化村风情大道,南至古墩路,北至良博路,面积约3.2平方千米,有核无边。"一环"是指主题化路径形成的慢生活环,东线为毛家漾、野芦湾、梦溪园,西线为文化艺术中心、创客街区、东明山,共15千米。"两区"是指田园村舍区和创新设计区,田野村布局先生活、后生态、再生产,两轴两区一带产业、文化、旅游、服务,规划10平方千米。

余杭梦栖小镇按照政府引导、企业主体发展要求,一次规划,分期实施,分三期进行建设,核心区规划建设"一街一山一河",建成后的众创空间约为80万平方米。小镇一期建设"一街",主要为玉鸟流苏创投街区,建筑面积9.2万平方米,占地面积263亩,重点布局文化艺术中心、玉文化产业园,引进金融服务机构、中介服务机构、设计团队、文化创意项目等。二期建设"一山",主要为邱家坞创客区,建筑面积20万平方米,占地360亩,布局创客村落、创新设计研究院、设计公园、培训中心等项目。三期建设"一河",为沿毛家漾众创空间,建筑面积50万平方米,占地800亩,布局工业设计、研发设计总部项目,创意设计和实体经济融合发展,向"智能制造"发展。

二、余杭梦栖小镇建设发展的资源要素

余杭梦栖小镇有深厚的文化底蕴。余杭梦栖小镇的前身是玉产业园区,玉产业和设计密切联系。梦栖小镇与良渚文化村连在一起。良渚遗址于2019年7月6日列入世界遗产名录。良渚文化村以良渚博物馆为文化内核,总占地12000亩,其中建筑"大屋顶"出自日本设计大师安藤忠雄之手,三个天井式主题庭院出自世界建筑大师戴维·奇普菲尔德之手,体现了设计的国际和高端。良渚文化村开发了白鹭湾君澜度假酒店,与梦栖小镇的休闲街、居住区相互融合,良渚文化村与梦栖小镇形成了一个功能复合的小镇。

余杭梦栖小镇建设关注资源再利用。小镇建设中把建机厂进行改扩建,改造为中国工业设计产业研究院、国际会议中心等功能区;把小镇原来的粮仓粮库改造成办公区、展览展示区、配套服务区;把邱家坞的47户民宅改造成为大师村。

余杭梦栖小镇设计界影响力增强。2016年世界工业设计大会在小镇召开后,决定将"一奖两会"落户余杭。国家工业和信息化部与浙江省政府共同在良渚建立了中国工业设计小镇,并决定将世界工业设计大会、国际工业设

计博览会的会址永远定在良渚,中国优秀工业设计奖也在良渚举行。

余杭梦栖小镇拥有优秀的创业资源。"一奖两会"落户良渚外,还有工信部中国优秀工业设计奖、中国设计原创奖、意大利金圆规三大奖项颁奖活动也在梦栖小镇举行。[①]提升了小镇集聚设计类产业的能力,吸引了大批设计类企业入驻小镇。

余杭梦栖小镇举办赛事培养人才。2018年举办"百行百匠百赛"技能竞赛暨工业设计技能大赛"余杭工匠"大赛。参赛作品类有交通工具、文化创意、服装服饰、电子科技等领域,呈现了良渚文化及特色,以竞赛促进培养和选拔设计类人才。

三、余杭区建设特色小镇的制度供给

余杭区在浙江省、杭州市特色小镇建设中成绩突出,至2017年上半年时已经有9个省市级特色小镇,特色小镇入驻企业多为创新创意产业项目,推动了产业转型升级。杭州市余杭区发展特色小镇的举措主要有以下几个方面:

一是紧扣产城融合,布局小镇功能。明确特色小镇功能定位,进行平台建设。建设三大新城:未来科技城、临平新城、良渚新城,分别侧重科创、众创、文创。未来科技城建设梦想小镇、人工智能小镇,临平新城建设艺尚小镇、产业互联网小镇,良渚新城建设梦栖小镇。

二是协调政府市场,合理推进建设。政府主导抓政策供给、小镇规划、基础设施配套建设、平台招商、管理服务等。政府引导社会资本投入,为中小企业提供孵化服务。企业按照市场规则决定项目去留和投资额度。

三是创新公共服务,加强平台建设。政府为引进企业提供优质、高效、便捷的公共服务,降低企业成本,全面实施"最多跑一次"公共服务变革,提供入驻企业优惠政策,通过奖励、补助、补贴等项目,鼓励企业入驻、投资,吸引人才。政府规划建设医院、学校、购物、娱乐、社区等生活设施,为企业生态提供生活配套。

---

①《余杭:良渚梦栖小镇构筑工业设计高地》,《杭州日报》2016年8月16日。

四是引入孵化机构,培育更多企业。政府建设孵化平台和引入孵化器平台企业,共同致力于孵化更多的中小企业,促进创新创业。

五是集聚高端要素,提升集聚效应。小镇建设人才、资金、会展等要素,激发小镇活力。余杭区通过人才优惠政策、项目资助政策、人才公寓建设、子女就学优先安置等措施吸引海归系、浙大系、浙商系、阿里系等高端人才。引入金融机构、创投机构、风投机构,为小镇融资发展。政府出面或者资助、支持举办各类大会、竞赛、展览等活动,增加对人才和创新型企业的吸引力。

第三节
从制造升级到智造——杭州湾汽车智创小镇

汽车工业虽然仍然是重要的支柱工业之一,但必然跟上科技发展和时代市场需求,转型升级发展,杭州湾汽车制造升级为汽车智造。杭州湾汽车智创小镇于2016年5月启动创建,2016年10月列入宁波市第一批特色小镇创建名单,2017年7月被列入第三批省级特色小镇创建名单,并荣获2017年度省级特色小镇创建对象考核优秀。

一、杭州湾汽车智创小镇区位优势

杭州湾新区汽车智创小镇位于宁波杭州湾新区,东至上林北路,南至滨海一路,西至陆中湾江,北至十塘横江。宁波杭州湾新区位于宁波市北部,是重要的经济港口,是长三角南翼的区域经济中心,是"一带一路"的重要节点城市,是国际性的航运中心、金融中心和创新中心。杭州湾新区被国务院确定为国家级出口加工区、国家级经济技术开发区、国家产城融合示范区、国家级湿地公园。杭州湾新区规划发展十大产业:新型金融业、专业服务业、旅游休闲业、体育产业、汽车产业、高端装备制造业、智能电器制造业、新材料、生命健康产业。杭州湾新区位于杭州湾跨海大桥南岸,距宁波市区约70千米,距上海市区约150千米,距杭州市区约140千米,杭州湾跨海大桥、杭甬高速构建了高速公路网。《上海市城市总体规划(2016—2040)》将宁波纳入上海都市圈,宁波将和上海组团发展。

杭州湾汽车智创小镇总规划区域3.7平方千米,建设用地面积1.63平方千米,总投资176.45亿元。小镇总体功能定位:把杭州湾汽车智创小镇打造

成为汽车研发中心全
国最大、汽车智创产业
链全国最全、研发成果
转化率全国最高的汽
车特色小镇。功能定
位为四大中心、四大功
能：四大中心是动力总
成研究中心、新能源新

图7-1　杭州湾新区汽车智创小镇规划图

技术研究中心、零部件研发中心、整车研发试制中心，四大功能是核心研发、
协同研发、成果转化、文化创意。汽车智创小镇空间布局为"三区一带"，即核
心研发区、成果转化区、汽车文创区、汽车文化景观带。小镇近期发展目标：
建设技术创新高地、吉利营销高地、汽车文化高地，把小镇打造成为中国汽车
自主创新高地。①

　　杭州湾汽车智创小镇有12个特色项目和众多小项目。主要有：投资59
亿元的吉利—沃尔沃中国设计及试验中心、投资2亿元的中国新能源汽车研
究院、投资4.5亿元的乘用车动力总成研究院、投资5亿元的汽车工程设计产
业园、投资5亿元的中国汽车技术研究中心华东分中心、投资80亿元的吉利
整车研发制造中心、投资3.5亿元的汽车学院、投资9.95亿元的宁波国际职业
技术学院、投资0.5亿元的汽车之路科普旅游、投资2.5亿元的汽车文化长廊、
投资3亿元的小镇客厅（含乘用车文化展示中心、体验式主题商业街）、投资
0.5亿元的社区综合配套。②

二、杭州湾汽车智创小镇发展定位为汽车工业新坐标

　　杭州湾汽车智创小镇的发展得益于杭州湾新区经济区的发展。杭州湾
新区未来将会成为长三角经济区的经济新引擎。世界银行统计数据表明，世

---

①《23个省级示范小镇候选对象中，包括杭州湾新区智创小镇》，最杭州湾微信公众号。
② 同上。

界上有65%的大城市都分布在湾区,湾区的经济占世界经济比重达到75%。上海新一轮规划把宁波纳入上海都市圈,目的是打造杭州湾大湾区。城市集群、都市区、产业集群等理论和历史、现实都预示杭州湾大湾区未来将会发展成为新的经济区域增长极。杭州湾新区已经15家世界500强企业投资22个项目,涉及航空、汽车、新材料、装备制造等高新产业。杭州湾汽车智创小镇在大湾区经济生态中将会汇聚更多优质资源,促进汽车高端装备制造业发展。

杭州湾汽车智创小镇将成为汽车工业新坐标。杭州湾新区整车产能在2020年将达到150万辆,带动汽车产业链产值飙升,将达到2000亿元,成为千亿级汽车产业基地。小镇在汽车产业链中居于高端要素集聚位置,成为汽车研发、设计、发布、营销的中心,成为汽车产业人才的摇篮。

杭州湾汽车智创小镇符合世界汽车产业园发展模式。汽车科技以及信息技术等科技进步,汽车研发、生产、销售等领域发生了变化,改变了原来的工业结构模式,资金密集、技术密集、人才密集、规模效益、综合性等方面的因素,催生了汽车产业园区的变革。汽车产业园模式变革为"汽车＋制造园＋商贸园＋研发园＋文化园",演变成为汽车产业及文化的综合体。第一个是"汽车＋制造园",汽车研发和制造、零部件生产和组装之间的分离与合作,出现代工型共享制造、改装车制造等。第二个是"汽车＋商贸园",线上销售和线下体验相结合,出现汽车电商。第三个是"汽车＋研发园",新能源、智能物联网、无人驾驶等研发催生大量创业创新人员。第四个是"汽车＋文化园",汽车与创意文化旅游、运动赛事、驾车体验等结合。第五个是"汽车＋生活",汽车生产、社区生活、自然生态三生融合。

杭州湾汽车智创小镇将成为宁波前湾新区的重要支点。2019年7月9日,浙江省正式发布《浙江省人民政府关于同意设立宁波前湾新区的批复》,前湾新区规划区域604平方千米,包括宁波杭州湾产业集聚区、余姚片区、慈溪片区,目标为建成世界级先进制造业基地。学习和建设目标是东京湾区、旧金山湾区和纽约湾区,以利于未来建设成为世界第四大湾区。宁波前湾新区与杭州钱塘新区、湖州南太湖新区、绍兴滨海新区构成浙江省大湾区发展蓝图的"四大新区"。

第四节
电动自行车的能量源——长兴新能源小镇

电动自行车市场巨大,为人们出行提供方便,市场拥有量巨大,而电动自行车电池是核心组件,长兴县举产业基础优势,集聚发展,取得更大市场。中国电动自行车七成以上的动力电池出自长兴新能源小镇,长兴新能源小镇于2018年在浙江省级特色小镇创建名单(2018)中列入高端装备制造类。

一、长兴新能源小镇聚焦新能源电池

长兴新能源小镇位于浙江省湖州市长兴县,紧邻长兴县中心城区,位于画溪街道工业功能区核心区块,是长兴县最早的工业园区。画溪街道是长兴县重要经济区,也是环杭州湾产业带的节点区域,环太湖经济区的重点区域。画溪工业功能区建于2000年,区域规划区域达到1765平方千米,水电气、污水处理等城市基础设施配套齐全。长兴新能源小镇距离长兴县中心城区约4千米,距湖州市区约20千米,距上海市区约150千米,距杭州市区约80千米,距杭长高速入口约4千米,距高铁站约20千米,距机场约100千米。杭宁高速、申苏浙皖高速经过小镇,104国道和318国道穿境。

长兴新能源小镇规划区域3.3平方千米,重点区域1.2平方千米,总投资65.3亿元。产业重点:发展新型电池、太阳能光热光伏、新能源汽车及关键零部件产业三大产业。发展目标:将长兴新能源小镇建设成为新能源研发创新先导区、新能源产业集群集聚区、清洁能源应用示范区、新能源低碳生活体验区、经济转型升级样板区、3A级以上旅游景区。发展理念:新兴工业化和新型城镇化同步发展,城市空间和产业空间相互融合,引导产业集聚,产城融合。

小镇具有五项功能：研发设计功能、高端制造功能、文化科普功能、休闲旅游功能、公共服务功能。

长兴新能源小镇整体布局为"一个中心、两大景区、五大区域"。"一个中心"是小镇客厅，包括游客中心、新能源广场、产品发布中心、商业中心。"两个景区"是超威集团绿色能源科普基地和天能集团文化展厅两大工业旅游景区。"五大区域"是新能源知识科普区、新能源工业制造观摩区、新能源产品体验区、新能源互动体验区、特色企业文化展示区。[①]

二、传统产业凤凰涅槃，催生长兴新能源小镇

（一）电池产业凤凰涅槃

长兴县发展铅蓄电池有40年的历史，产量大，名气响，被称为"中国蓄电池之乡"，但是铅蓄电池的污染始终无法解决，传统的铅蓄电池厂家或关闭或转型。经过产品转型升级，长兴县已经形成新能源产业链，拥有规模以上企业66家，中小企业400多家，其中新型电池企业34家，占据电动自行车动力电池市场的70%以上，在行业内影响大，拥有"定价权"，原来的"蓄电池之乡"转变成为"中国绿色动力能源中心"。

（二）经历污染之痛

20世纪70年代，长兴县有企业开始铅电池生产，到2004年，电池企业达到175家。长期以来的粗放式发展，造成严重环境污染。2005年长兴县开始污染企业专项整治，采取"关闭一批、规范一批、提升一批"的工作部署。2011年全国开展重金属污染防治行动，长兴县开始了革命性的整治思路变革，采取"关停淘汰一批、搬迁入园一批、原地提升一批"办法，实现了企业转型升级。2016年长兴县提出创建长兴新能源小镇，按照"产、城、人、文"的要求，实

---

① 《浙江长兴新能源小镇：新时代　新能源　新生活》，中改在线微信公众号。

现生产、生活、生态的三生融合,实现了发展模式的转变。[①]

(三)龙头企业主导产业转型升级

长兴新能源小镇建设是以超威集团、天能集团为龙头带动新能源电池产业发展。两家企业掌握锂离子电池、镍氢电池、超级电容器等核心技术,在储能电池、动力电池研发和产业化方面占据领先地位,相同产品企业生产要向这两家企业看齐,上下游产业链要满足这两家企业的市场需求,两家龙头企业改变了整个新型电池产业链。

(四)开启能源互联网革命

长兴县画溪街道办事处发起"源网荷储售"一体化能源互联网示范项目,由浙能长兴发电有限公司和超威集团合作研发,通过电力电子技术和信息管理技术整合储存风电、光伏电、火电,再通过大数据分析用电方案,通过智能管控平台实现供电,实现了"互联网+能源"的智慧能源革命。[②]

(五)制度供给,引导新能源产业发展

首先通过规划确定发展方向。长兴县通过2015—2017年三年行动计划培育发展新能源汽车产业。其次奖励补贴。奖励整车制造企业,可达3000万元。对重点项目、技术创新、应用推广等方面给予补贴和奖励。对汽车关键零部件企业创新奖励可达1000万元。再次建立引导基金。设立1亿元引导基金,设立专项基金,支持新能源汽车发展。

(六)厚实的新能源文化

小镇规划建设之前已经有超威集团绿色能源科普基地和天能集团文化展厅等两个工业旅游基地。超威集团绿色能源科普基地有超威集团科技中心、新能源展厅、新能源广场,展示、传播、体验新能源。天能集团文化展厅设

---

① 《浙江长兴新能源小镇:新时代 新能源 新生活》,中改在线微信公众号。
② 《新能源小镇崛起正当时》,《浙江日报》2017年11月21日。

立电池博物馆,展示电池悠久历史和传播科普知识。小镇把两个科普基地和新能源特色街区、研发设计街区、新能源广场等串联起来,形成工业旅游线路。

(七) 集聚人才,提升创新能力

新能源需要高端人才和创新型人才。长兴县推出南太湖精英创业计划,最高奖励500万元。与院校、科研机构合作设立科研平台、研究院、博士后工作站等,寻求留住人才或者使用人才。建设众创空间,吸引创业者和高端技术人才前来创业。通过超威、天能等企业招才引智。

(八) 政府对小镇基础设施进行现代化改造

运用互联网和物联网技术,对城市交通、给水排水、通信信息、电力能源、生态进行联网,保障小镇企业生产和居民生活。

第五节
光伏产业创新试点——秀洲光伏小镇

秀洲光伏小镇位于浙江省嘉兴市秀洲区,于2016年入选浙江省第二批特色小镇创建名单,并获得2016年度特色小镇考核优秀,被评为省级示范特色小镇和浙江省装备制造标杆小镇。2017年入选浙江省高新技术小镇,获得2017年度浙江省特色小镇考核优秀。

一、秀洲光伏小镇聚焦光伏科技

秀洲光伏小镇规划区域2.9平方千米,其中核心区域1.99平方千米,三年计划投资56亿元。小镇发展目标:以光伏发电、光伏制造、光伏服务、光伏旅游为主导产业,把秀洲光伏小镇建设成为全球光伏技术研发创新区、全国光伏智能制造中心、全国分布式光伏发电规模化应用示范区、产业支撑新型城镇标杆。小镇功能布局"一核、两带、三片区"。"一核"即光伏小镇客厅(秀洲光伏科技馆),涵盖会议会展、企业总部、研发办公和产业孵化。"两带"指沿马泾港滨水景观带、洪福桥港滨水景观带。"三片区"分别为文化休闲服务区(马泾港西北)、光伏装备制造区(八字路以南)、光伏研发创新区(八字路以北)。发展理念:"处处有光伏、家家用光伏、人人享光伏。"开发模式:政府引导、市场运作、企业主体、社会参与。①

---

① 《秀洲光伏小镇:探索产城融合发展的"秀洲模式"》,暖通e家微信公众号。

二、秀洲光伏小镇打造田园升级版

光伏产业成就"秀洲模式"。2012年嘉兴市秀洲区申报太阳能光伏产业"五位一体"创新试点获得省政府批准。经过两年的发展,2014年1月秀洲区成为国家新能源示范城市创建单位,同期全国共有81个单位获批。2015年4月秀洲区成为中国—德国新能源示范城市国际合作城市,同期全国仅有3个单位获此殊荣。2016年入选浙江省第二批特色小镇创建名单,2017年度考核为优秀。

秀洲光伏小镇成为科技研发创新中心。小镇中心规划建设嘉兴光伏科创园和中电科(嘉兴)智慧产业园,集聚了旭科新能源、新南威尔士大学——上海交通大学(嘉兴)光伏联合创新研究院、韩国奥瑟亚新能源(中国)总部等企业和研究平台。一批高精尖光伏研发、新能源电子信息技术企业和项目入驻小镇,提升了小镇研发创新能力。

龙头企业撑起秀洲光伏小镇成为全国光伏产业高地。龙头企业和核心技术是行业地位的标杆。秀洲光伏小镇汇聚了福莱特、阿特斯集团、瑞翌等全球光伏组件龙头企业。小镇形成了光伏材料、光伏组件、光伏电站、电池片、核心设备、光伏电子信息、光伏组件检测认证等绿色全产业链。[1]

光伏改变秀洲光伏小镇生活。创建特色小镇后,处处体现光伏特色,光伏屋顶、光伏路灯、光伏树、光伏车棚、充电桩、新能源电动车、新能源汽车遍布小镇,营造了光伏新能源世界。秀洲光伏科技馆建筑充分体现了光伏产业成就,该建筑采光好,还可以发电,实现了光伏建筑一体化。

秀洲光伏小镇强化人才保障。秀洲区充分利用"秀湖双百计划""创新嘉兴·精英引领计划"等人才优惠政策,引进和培养人才。引入知名创新团队30多个,尖端技术20多项,高端人才近20名。培育了4家省级重点企业研究院(光伏类)。与上海交通大学、澳大利亚新南威尔士大学等知名高校合作,培养人才。

秀洲光伏小镇创新金融保障。引进金融中介服务机构,组建科技贷款公

---

[1]《嘉兴秀洲区以"光伏+"助推产业升级》,《嘉兴日报》2018年3月9日。

司、科技担保公司,设立光伏产业发展基金,引进风投,为光伏企业发展提供与资本市场对接的条件和便利,助推"金融＋实业"融合发展。

秀洲光伏小镇发展社区配套。通过建设人才公寓、幼儿园、卫生服务中心、文化活动中心等城市基础配套设施,小镇能够为光伏产业、光伏研发、展览交易等活动提供生活保障。

秀洲光伏小镇发展工业文化旅游。以小镇客厅为核心,串起光伏企业生产观光、总部游览、光伏实践体验、光伏科普等项目,形成集绿色建筑、光伏教育、科普、体验、观光于一体的工业旅游线路。

第六节

海康威视的重要基地——桐庐智慧安防小镇

安全防护产业随着科技进步而发展,是制造业与信息产业融合发展的产业之一,智慧城市、智慧家居都离不开安全防护。桐庐县是传统的安防产业基地,正在进行转型发展。桐庐智慧安防小镇入选第二批浙江省特色小镇创建名单。全球最大安防产业基地海康威视桐庐安防产业基地为小镇核心企业。

一、桐庐智慧安防小镇发展安防高端制造业

桐庐智慧安防小镇位于浙江省杭州市桐庐县富春江科技城(桐庐县经济开发区)核心区。小镇东到塘坞山、下畈路,西至宝心转科技大道、滩头路,南至城南东路,北至白云源路。①桐庐县经济开发区于1994年建设,现在已经成为桐庐县科技创新发展的核心动力。桐庐县地处钱塘江流域中游,富春江斜贯县境,东面毗邻绍兴市诸暨市,南面与淳安县、建德市、金华市浦江县,东北邻杭州市富阳区,西北依杭州市临安区。桐庐县平原稀少,以山地丘陵为主,中部为狭小河谷,四周群山环峙。桐庐县主导产业以信息经济和战略新兴产业、大健康产业、医疗器械产业、旅游业、电子商务、笔业、针织业为主。其中信息经济和战略新兴产业年增长在20%以上。小镇距离桐庐县城约12千米,距杭州市区约60千米,距上海约230千米,距最近的高速入口约5千米,距高铁站约65千米,距火车站约60千米,距机场约75千米。杭新景高速、杭黄高

---

① 《华东地区首趟以桐庐为目的地的高铁旅游专列上线啦》,桐庐百事通微信公众号。

铁、320国道穿城而过。

桐庐智慧安防小镇规划区域3.48平方千米,三年计划投资55亿元。产业定位:智慧安防产业(高端装备制造业)。发展目标:以海康威视安防产业基地、英菲特LED驱动器项目带动安防产业链,发展安防制造研发、安防智慧体验、工业旅游观光、休闲居住,打造智慧安防产业集聚区,智慧应用实践区,浙江智慧安防产业示范区、智慧安防千亿级产业特色小镇。产业体系:"1+4+X"产业体系。主导产业为智慧安防产业,相关产业为物联网产业、电子商务和现代物流产业、软件与信息化产业、休闲旅游产业,拓展产业为现代服务业(涵盖文化创意产业、科技服务产业、教育培训产业等)。发展思路:三生融合。"生产"上以海康威视为核心形成安防高端制造业产业集群,"生活"上建设文化广场、学校、医院、公园等公共配套设施,"生态"上开发和整合古村落、生态公园、体验式公园等景观。

二、桐庐智慧安防小镇发展的资源要素

海康威视成为桐庐智慧安防小镇引擎。海康威视来到桐庐智慧安防小镇后,上下游产业链企业也随之而来。苏州苏和盛印刷有限公司、杭州里德通信有限公司等安防企业、富士达特种材料、瑞能通信、隆源环保设备等相关产业链企业也入驻小镇。浙江工商大学、中国计量大学等高校、研究机构的科技项目也落户小镇,形成了安防产业集聚区。真正体现了"引进一家企业、壮大一个产业、带动一个产业集群"。

智慧安防产业方兴未艾。安防产业已经与物联网、云计算、互联网等技术紧密结合,安防产业已经成为立体型智慧产业。同时互联网、物联网、大数据等技术延伸的产品,如智慧电网、智慧小区、智慧家居等智慧应用面临安全防护问题,智慧安防的机遇和市场非常广阔。智慧安防小镇的产业未来是广阔的蓝海。

政府"店小二"服务,让企业入驻安心。桐庐经济开发区和桐庐智慧安防小镇为了引入海康威视,为其推荐了绿水青山之地,从用地规模、交通设施、电力管网等基础设施都提供最优条件,为企业开辟绿色通道,审批报备等程

序一站式办理,一窗办理,最多跑一次。贴心的政府公共服务提升了企业入驻的速度,减少了企业建设成本和运营成本。

科技创新是桐庐智慧安防小镇的核心竞争力。小镇建设科技孵化园,建设产学研平台,引入海智人才创新创业基地、浙江大学材料科学与工程学院桐庐基地、浙江大学高温合金研究所、医疗器械高新技术产业化基地等平台机构,提升小镇创新能力。[①]

桐庐智慧安防小镇为企业生产打造"生活保障"。特色小镇建设要求做到"三生融合"。桐庐智慧安防小镇景色优美,村落古朴,人文景观和自然景观相映成趣。经济开发区建设了智慧文化广场、智慧医院、智慧学校、科普体验公园提升小镇公共设施品质,实现景色动人、人文感人、风情引人。

---

① 《25年一座科技与生态融合的魅力之城呼之欲出》,桐庐发布微信公众号。

第七节

智能制造扛鼎转型升级——萧山机器人小镇

机器换人是浙江发展的战略要求,既填补人口红利消失后的空间,又提高制造业的效率。智能机器人更是深入各个领域。机器人产业市场前景广阔,是产业转型发展的方向之一。2015年杭州市推出首批特色小镇创建名单,2016年浙江省公布第二批省级特色小镇培育名单,萧山机器人小镇均位列其中。

一、萧山机器人小镇聚焦机器人产业

萧山机器人小镇坐落于浙江省杭州市萧山经济技术开发区桥南新城,东至光明直河及红山农场交界,南至杭甬高速及南沙老堤,西至绕城高速,北至塘新线及红山农场交界。萧山区是东部经济发达地区之一,在改市为区之前始终是全国百强县前十名。2018年实现地区生产总值1800亿元,三产比例为3∶39.5∶57.5,城镇居民人均可支配收入65465元,农村常住人口人均可支配收入37770元,居于浙江省前列。萧山区在经济转型升级发展中,把数字经济作为"一号工程",拥有高新技术企业116家。推进了汽车零部件制造业和化纤制造业改造提升,开展了"两化融合"改革,7393家企业"企业上云"。萧山经济技术开发区辖桥南新城、市北新城、江东新城,拥有江东新能源高新技术产业基地、装备制造新型工业化产业基地、杭州软件产业基地萧山扩展区块等3个国家级产业基地。萧山经济技术开发区正在进行"退二进三"转型,发展新兴产业和服务业。萧山机器人小镇交通便利,距萧山机场10分钟,及杭州火车站15分钟,距杭州东站高铁站30分钟,距高速出口15分钟,一个半小时内可到达长三角经济带 15 个中心城市。

萧山机器人小镇规划区域 3.51 平方千米,核心区域面积 3.33 平方千米,投资 50 亿元。小镇的产业定位:机器人、高端装备制造,主要发展工业机器人、消防、输液、认知康复、迎宾、扫地、陪护、聊天等各类机器人及机器人关键零部件,使小镇具有机器人完整产业链。功能定位:研发孵化功能、生产制造功能、论坛会晤功能、展览体验功能、工程服务功能、总部经济功能、教育培训功能、旅游休闲功能。功能模块:产业中心、文化创意中心、会展和交流中心、赛事中心、科研教育培训中心、科普旅游休闲中心。小镇城市设施配套:建设机器人小镇产业配套综合体(科研办公、众创空间、会议中心、办事服务中心、商业配套)、萧山·机器人博展中心(展示展览、互动体验、会务培训、赛事活动)、机器人小镇生活服务综合体(人才公寓、邻里中心、幼儿园、社区医院)、机器人小镇中心学校。[①]

二、萧山机器人小镇发展的资源要素

(一) 深化政务效能建设

深化"最多跑一次"公共服务改革,推出行政审批全领域"无差别全科受理"窗口,实现"跑零次"办理事项 283 项,一次办理事项 100%。快速、便捷、高效的政府服务赢得企业好感。

(二) 发展顺应产业发展趋势

当前世界机器人产业发展进入高速发展和膨胀发展期,世界正在进入第四次工业革命,其中数字化、智能化、云端化、物联网、5G 通信、新能源、新材料等都可能成为第四次工业革命的标志。可以肯定的是"数字化智慧制造"、机器人技术和产业在第四次工业革命浪潮中占据重要地位。

---

① 《小镇名片》,萧山机器人小镇微信公众号,2018 年 9 月 19 日。

（三）国内经济转型升级压力给机器人带来了机会

随着中国人口红利的消失，人工成本增加，作为"世界工厂"的中国必须实施"机器换人""腾笼换鸟"战略，工业机器人等各类机器人的市场需求量巨大。

（四）萧山区机器人产业取得发展先机

萧山区是浙江省工业发展较早的地区，产业链完善，产业配套完善，是浙江省重要的工业基地。萧山区也是最早感受到"机器换人"紧迫性的地区之一，机器人产业发展较早。萧山区拥有众多国内机器人领先企业，例如新松南方创意研究中心、瑞典机器人研发中心和杭州凯尔达机器人等，机器人产业产值突破30亿元。① 随着产业数字化，旧动能转化为新动能，萧山区机器人产业蓬勃发展，智能制造成为转型升级的扛鼎之力。

---

① 《杭州萧山机器人小镇项目案例》，中商产业研究院，2019年5月21日。

第八章　历史经典特色小镇

在历史经典特色小镇建设中,以"产、城、人、文"和谐共生为指导原则,立足一个有悠久历史和文化内涵的行业,积极促进产业集聚,并推动产业创新和产业的转型升级。坚持走政府积极引导、企业主导、市场导向的路子。政府提供制度供给,提升公共服务能力和水平,并做好基础设施配套服务以及出台灵活的土地政策、税收财政政策,为特色小镇孵化和发展提供良好的制度保障。企业和市场是特色小镇建设的主导和导向,在历史经典特色小镇建设中突出核心产业、注重功能叠加,成为特色小镇建设的先行者。浙江历史上已经形成了茶叶、丝绸、黄酒、中药、木雕、根雕、石刻、文房、青瓷、宝剑等历史经典产业,通过特色小镇这一载体建设,挖掘传统经典产业中的文化内涵,结合时代特色,进行升级,使历史经典重新焕发了发展活力。

浙江省级特色小镇创建名单(2018)中按产业分的类别中有历史经典类小镇13个:西湖龙坞茶镇、湖州丝绸小镇、南浔善琏湖笔小镇、绍兴黄酒小镇、嵊州越剧小镇、磐安江南药镇、东阳木雕小镇、龙泉青瓷小镇、龙泉宝剑小镇、青田石雕小镇、庆元香菇小镇、遂昌汤显祖戏曲小镇、松阳茶香小镇。

第一节

茶叶产业升级发展——西湖龙坞茶镇

中国是茶叶生产大国,名茶众多,但在世界上却不是茶叶生产强国。茶叶产业也要集聚发展,科技发展,转型发展。西湖龙井茶在经济转型发展中要发挥名品优势。西湖龙坞茶镇列入浙江省级首批37个特色小镇创建名单,是浙江省发展特色小镇规划中提出的茶叶、丝绸、瓷器等历史经典类小镇中的重要代表。

一、西湖龙坞茶镇发展茶产业

西湖龙坞茶镇位于杭州西南龙坞镇,范围为一镇十村(社区),即以龙坞镇区为龙头,整合桐坞、大清、上城埭、长埭、西湖茶场等10个村(社区),是西湖龙井茶的核心产区。茶镇建成后直接辐射总面积为24.7平方千米,形成大龙坞景区。茶镇地理位置闹中取静,离杭州市中心约15千米,绕城公路穿镇而过,四周群山环绕,茶园茶山连绵起伏,是西湖龙井最大产区,有"万担茶乡"之称。

西湖龙坞茶镇规划区域3.2平方千米,核心区域1.4平方千米,三年计划投资60亿元。西湖龙坞茶镇以原龙坞镇所在的葛衙庄社区为中心,还辐射到社区外的10个村庄。茶镇一期规划建设时间3年,总投资50亿元。二期规划建设时间为2年,总投资10亿元,提升产业、延伸产业和上下游产业配套。茶镇规划布局为"一带两廊六区"。"一带"是文化商业带,"两廊"是龙门溪生态廊和上城埭溪生态廊,"六区"是茶镇会客厅、国际茶镇工业港、国际茶道园、茶道文化园、绿色科技总部、生活支持区。茶镇功能区块有七个区域,包括茶叶交易区、茶园风景区、茶文化体验区、茶村民俗体验区、文化创意区、户外运动和休闲区、健身养生度假区等。

西湖龙坞茶镇的发展思路:以"茶产业是主业、茶文化是灵魂、茶生活是核心",融乡村旅游与民俗体验、文化创意产业、体育产业、休闲产业、健康养生产业于一体,建设"国际茶产业会展小镇"和"互联网＋茶产业",实现茶生产、茶生活、茶生态的三生交融,形成"茶产业＋旅游业"格局,努力把茶镇打造成最大的西湖龙井茶销售配送中心和茶文化竞争力最强的特色小镇,未来发展和扩张成为茶产业链整合发展和文化旅游农业一体化的典范。

西湖龙坞茶镇特色项目:龙坞九街、龙坞茶镇会客厅、公共艺术空间画・乡院、时尚旅游基地及"一村一品一特色"等。有茶镇的核心区龙坞九街,由原工业厂房按照民国建筑风格改造而成,是涵盖茶叶销售、茶衍生品销售、茶馆、茶学培训的茶体验街区。"一村一品一特色"有何家村的杭州首条全长6642米单圈高低落差176.5米的标准山地车赛道,有高档民宿、安置房、学校、景观绿化,有龙坞茶镇葛衙庄"中心会客厅",有总建筑面积约6000平方米艺术家工作室的外桐坞村(画外桐坞),有龙门坎村的金莲寺,有白龙潭、叶埠桥的石雕一条街,有拥有千亩茶园且号称"天下第一茶村"的上城埭村,有因乾隆江南巡游题名而闻名的大清村。

二、西湖龙坞茶镇的新型发展之路

西湖龙坞茶镇发展成为生态旅游大镇。茶镇已经成为杭州市新兴开发的六大旅游风景区之一,成为钱塘江、富春江、新安江、西湖、千岛湖组成的"三江两湖"黄金旅游线上的一个生态旅游大镇。

西湖龙坞茶镇的辐射面广。茶镇的建设规划虽然只有3.2平方千米,龙坞茶镇14000多亩,景区5000多亩,可是辐射却有20多平方千米,西湖龙井茶产区有168平方千米。茶镇规划建设中把周围的村镇都纳入了大的茶产业文化旅游的生态圈。除了核心区的一镇十村外,周边的村也因为小镇带动了茶产业和休闲旅游、农家乐等产业。

西湖龙坞茶镇走出了新型城镇化道路。茶镇核心区改建了原来的工业区,改建城文化艺术馆、会客厅等文化旅游项目,改善了生态环境。茶镇拆迁原来没有特色的建筑,建设了学校、安置房、民宿等,也新修了道路,新建了管网,使原来的山村既保留了有价值的人文自然风貌,也改善了居住和生活条件环境;民宿的发展增加了农民的收入和就业,众多的旅游者给当地居民带来了收入,实现了农业、农民、农村的变革,实现了农村的飞跃性发展。

西湖龙坞茶镇提升了自然与人文资源的价值。茶镇建设把周边的自然景观、人文历史古迹、建筑等资源和西湖龙井品牌整合在一起,提升了资源的附加值和旅游价值。寺院、石雕、名人故居、茶文化、茶体验等都被一条主线串联起来,丰富了茶镇的内涵,形成了一加一大于二的优势。

西湖龙坞茶镇开展茶相关科研。茶镇与企业、高等院校等科研机构合作,进行茶产业深加工及产品拓展研究。例如,农夫山泉成功开发了各种茶饮料,杭州之江经营管理集团有限公司还与浙江大学茶叶研究所签署战略合作协议,打造"中国第一茶镇"。开发了茶叶相关科研用品茶多酚片、面膜等产品。

西湖龙坞茶镇在全国茶文化小镇建设中一骑绝尘。在历次十大名茶排行中,西湖龙井都位列其中。1915年的巴拿马万国博览会、1959年的中国"十大名茶"评比会、1999年《解放日报》、2001年美联社和《纽约时报》、2002年《香港文汇报》,五次评比十大名茶,西湖龙井、信阳毛尖、碧螺春、铁观音都名列其中。现在通过茶镇以及宣传和口传,西湖龙井名气最大。当前围绕茶做小镇品牌的,西湖龙坞茶镇当是最好的。

三、西湖龙坞茶镇建设推动茶产业转型发展

西湖龙坞茶镇建设弘扬了中国传统文化。茶文化是中国传统文化重要的一部分,中国的茶叶、丝绸、瓷器在历史上就蜚声海外。茶镇建设就是茶文化呈现的重要方式和载体。茶镇在国际交流和"一带一路"建设中,也是中国茶文化走向世界的舞台和展示窗口。

西湖龙坞茶镇建设推动茶产业转型发展。目前中国有21个省900多个县,约8000万人从事茶叶生产,行业产值超过3000亿元。但是茶叶生产率

低、茶生产安全性不高、茶产品研发不足、茶衍生品少、茶文化推广难等问题制约了茶产业的发展。国内茶叶生产以茶农个体为单位生产，茶园面积小产量小，机械化水平低，产量低，人工成本高。个体化生产对化肥、农药等的使用无法控制，难以监控茶叶品质。茶叶消费方面仍然以喝茶为主，茶衍生品主要在茶饮料，而茶饮料品牌偏少且同质化严重。中国的茶文化传播途径单一，影响有待提高。西湖龙坞茶镇把茶生产和茶文化旅游、茶产品研究结合在一起，推动了茶产业转型提升。

促进茶产业转型需要进一步深化改革。一是优化茶产业政策环境，把茶叶产业和国家推动产业发展计划、新农村建设政策等融合起来，从战略高度发展茶产业。二是提高茶叶产业化水平。提高土地流转等加大茶生产的政策性支持力度，鼓励种茶大户和企业进行规模化经营，加快茶生产规模化。建立大型茶生产、加工和研发基地，引入先进的茶叶种植、生产加工、包装和现代经营模式，提升茶叶行业整体发展水平。三是加强茶生产安全监控。对茶生产进行全程监控和可溯源，加强茶生产前的环境和原料检测、生产和加工操作规程规范，控制茶产品卫生指标、包装、保险、储藏、运输、销售等各环节，确保茶品无污染、无公害、绿色生产，确保茶叶质量。四是鼓励和支持茶企业和科研机构开展茶科学研究，鼓励产学研相结合，开发茶产品，丰富茶产品种类。五是加强茶产品的营销。引入电子商务，帮助中小茶农进行茶叶及茶产品的销售，解决中小茶农茶叶销售问题，提高茶农收入。六是积极加入"一带一路"，推广中国茶文化。通过茶文化推广，扩大茶产品消费群体和提升中国茶产品的知名度、美誉度。

第二节

传统丝绸增添时尚元素——湖州丝绸小镇

丝绸也是中国传统优秀产品,丝绸文化也是中国优秀文化的重要元素。而丝绸产业必须适应市场要求,整合资源优势,焕发市场活力。湖州丝绸小镇于2015年入选浙江省首批特色小镇;通过2017年省级特色小镇创建对象考核,成为16个优秀小镇之一;2018年9月《关于2017年度省级特色小镇创建和培育对象考核情况的通报》,省级特色小镇创建对象考核结果为良好。

一、湖州丝绸小镇聚焦传统产业升级

湖州丝绸小镇位于湖州市吴兴区东部新城西山漾国家城市湿地公园内,闹中取静,东至西山路,南至蜀山路,西至吴兴大道,北至中兴大道。吴兴区素有"鱼米之乡、丝绸之府、文化之邦"的美誉。现在的吴兴区辖10个街道6个镇1个乡,总面积871.9平方千米,东距上海约150千米,南距杭州约85千米,西距南京约230千米,北临太湖,隔湖与苏州、无锡相望。吴兴区已经纳入上海和杭州1小时快速交通圈和经济圈。104国道、318国道、杭宁高速贯穿全境,申苏浙皖高速、申嘉湖高速、杭宣铁路、新长铁路穿境而过。吴兴区的第二产业主要为纺织业、黑色金属冶炼和压延加工业、金属制品业、有色金属冶炼和压延加工业四大行业。

湖州丝绸小镇核心区规划区域6.38平方千米,核心开发面积1.85平方千米,包括5平方千米桑园、水面,建设用地1425亩。总投资51亿元。

湖州丝绸小镇项目规划特色:以"丝绸"这一特色产业为核心,以休闲、文化、旅游为延伸配套,打造集丝绸产业、历史遗存、生态旅游于一体的产城融合的丝绸文创度假小镇。

湖州丝绸小镇规划分区建设:围绕"生产、生活、生态"三生融合的理念,规划六大功能分区,分别是活力镇中心、创意新丝巢、风尚丝绸秀、丝路夜明珠、浪漫丝艺园、隐逸度假区。

活力镇中心以商住和文化混合街区为主,涵盖小镇街区、度假住区和部分产业办公区,位于项目核心区的中心位置,有效辐射核心区各个部分,带动项目往基地腹地发展;浪漫丝艺园基于目前的桑基鱼塘,加入丰富的旅游度假主题,打造文化教育公园和特色零售娱乐,并利用优美浪漫的生态环境,发展婚庆旅游;隐逸度假区靠近现状矿山,环境优雅隐蔽,适合发展度假及禅修等功能;风尚丝绸秀片区靠近城市主要道路,具有良好的可达性和展示性,主要设置丝绸演绎发布中心、餐饮零售及包括大师工作室、私人订制工作室、本土设计师工作室在内的创意办公;创意新丝巢片区主要布置新型产业办公园区,集聚金融、电商服务、专利保护等多种商务服务设施,为丝绸产业提供有针对性的支持和帮助;丝路夜明珠是项目中极具特色的一个片区,结合丝绸主题与本土地缘文化,打造包括实景演出、互动教学等在内的主题乐园,为小镇吸引更多旅游人群,注入更多活力。

二、湖州丝绸小镇建设与发展

(一) 坚持原则

小镇建设坚持"政府引导、企业主导、市场导向"的原则,保证小镇建设符合市场经济的规则。政府引导小镇的产业布局,吴兴南太湖建设投资有限公司负责小镇的开发建设,市场决定产业的生存和小镇活力。小镇内有10多个产业项目,计划总投资51亿元,其中道路、管网、绿化景观等公共配套基础设施的投资总额达到10亿元,资金量大。引入浙江誉华印染、湖州翔顺工贸等社会资本,减轻了项目投资方的资金压力。

（二）形成产业集聚

中国恒天集团、浙江誉华印染、湖州翔顺工贸、湖州新宇丝织、湖州永昌丝绸、湖州润源丝织、湖州祥顺工贸、湖州源丰绸厂等大批丝绸企业入驻小镇，形成了产业集群，并建成七大产业平台：丝绸产业基金，采用"企业＋政府＋基金"的模式，撬动社会资本投入丝绸产业；丝绸供应链平台，小镇与丝绸之路控股集团有限公司共同设立"丝绸小镇（湖州）产业服务有限公司"推动茧、生丝、绸缎金融供应链体系建设；丝绸指数发布，以浙江丝绸指数为样本，完成对全国丝绸产业重点区域和重点企业的数据采集，建立中国·湖州丝绸指数体系；丝绸研究院，小镇与浙江大学、浙江理工大学、华东大学共同成立丝绸研究院；茧丝绸交易中心，小镇联手恒天集团等企业，成立世界丝源茧丝绸交易中心；丝绸研发设计中心（面料研发中心），开展丝绸面料开发、丝绸产品创新设计；国家级茧丝绸检测中心。

（三）发展时尚产业

湖州丝绸小镇不是只做丝绸产业，只生产丝绸面料产品，而是创新发展丝绸产品与文化，把丝绸历史文化和时尚结合起来进行符号化衍生，打造集中国设计师、中国时尚企业、中国时尚品牌、丝绸研发设计、时尚发布、SHOW-ROOM商业、企业总部于一体，实现以中国创造为核心、以中国文化和中国审美为主导的东方时尚产业园区。发展"丝绸＋游乐＋度假＋文化体验"，发展高端现代服务业，打造"丝绸创新平台＋文创孵化基地＋特色休闲度假目的地"，提升丝绸产业附加值。

（四）积极承办和举办大型活动

湖州丝绸小镇通过活动地小镇进行形象传播，提升小镇的品牌价值。2018年10月，小镇承办首届丝路论坛，启动"一带一路"纺织服装商贸流通峰会。2019年6月1日湖州市吴兴区西山漾·丝绸小镇举行首届2019全国SUP桨板锦标赛。

三、湖州丝绸小镇成功的资源要素

(一) 丝绸产业

湖州丝绸产量居全国之首,丝绸面料产量占全国的三分之一,占世界的四分之一。改革开放40多年,湖州市丝绸产业成为优势产业。湖州丝绸品质得到提升,业界口碑优秀。湖州丝绸产业挖掘文化底蕴,坚守丝绸品质,创新工艺技术。湖州市丝绸产业链不断延伸,从种桑、养蚕、缫丝、织造、印染、服装、家纺等等各个环节、各个方面进行综合利用和开发,形成了完整的产业链和产品全周期。

(二) 丝绸底蕴

2015年6月25日,钱山漾遗址(位于湖州市吴兴区)被正式命名为"世界丝绸之源",湖州市有4000多年的丝绸历史。湖州市建成钱山漾文化交流中心(中国蚕桑丝织技艺非遗传承中心),面积5000平方米,总占地面积80亩。钱山漾文化交流中心展厅将古丝绸文化和高科技深入融合,通过信息科技展示出蚕的一生,展示了从夏朝至今的中国丝绸史。中心也是中国蚕桑丝织技艺非遗传承中心,和丝织技术非遗博览园与创意文化村一起,集聚非物质文化传人、手工艺人、艺术先锋等人群,形成保护非物质文化遗产基地和中心。钱山漾文化交流中心同时开展国内外丝绸文化交流、互联网线上线下互动,打造成丝绸产业发展的展示交流平台。

(三) 政策扶持

湖州市先后制定实施了《特色纺织产业振兴升级规划》《丝绸产业转型升级行动计划》《湖州市国民经济和社会发展第十三个五年规划纲要》等政策文件,鼓励和支持丝绸产业科学转型。

(四) 环境依托

湖州丝绸小镇坐落在吴兴区东部新城,东部新城是吴兴全力打造的城市副中心,政府累计投资100多亿元,居住、商业、旅游等项目已经开发成熟,与丝绸小镇互通后产生一体化效应。

(五) 善于借势

借势一是湖州深入推进《中国制造2025》示范城市建设,打造智能制造,开展丝绸产业智造提升。借势二是承办首届丝绸论坛,2018年10月首届丝路论坛在湖州丝绸小镇举办,会后决定丝路论坛将落户湖州丝绸小镇。中国纺织工业联合会及全国各省市行业协会和全国纺织行业前300强的企业领导到会进行深度交流,带动丝绸相关产业界来投资、合作。借势三是积极参与"一带一路"建设,开展对外经贸合作。鼓励丝绸企业积极走出去,参与"一带一路"沿线国家建设。

(六) 产业升级

丝绸产业虽然是我国传统的优势产业,具有先天的人口多、消费市场巨大的优势,但是随着消费市场的发展和国际竞争的压力,必须未雨绸缪,率先进行产业转型升级,重视原创设计,大力培养人才,提高开发能力、设计能力,积极延伸丝绸产业链,将传统丝绸产业中注入时尚元素,鼓励创新,打造"丝绸产业孵化器""创意经济孵化器",在研发设计和规划运营方面深化和发力,专注产业"微笑曲线"①的两端,集聚高端要素,保持产业发展的领先优势。

---

① 微笑曲线是产业链呈现一条U形曲线,两端朝上,分为三个部分。附加值高、利润高的在两端,主要是产品技术、专利、研发和品牌、服务、销售等产业链环节。附加值低、利润低的在中间,主要是组装、制造等产业链环节。微笑曲线表现在区域分布上:区域中心地带做标准,做设计、研发、服务,位于微笑曲线的两端;周边地区做配套,做生产,位于微笑曲线的中间。

主打"黄酒"金名片——绍兴黄酒小镇

绍兴黄酒小镇入选浙江省第一批省级37个特色小镇创建名单,并在2018年公布的考核成绩中被列为优秀,同期被列为优秀的绍兴地区特色小镇还有诸暨袜艺小镇、新昌智能装备小镇、上虞e游小镇。绍兴黄酒小镇在创建名单中名为绍兴越城黄酒小镇。起初这个小镇叫东浦黄酒小镇,随着绍兴市政府确定"大绍兴、大黄酒、大文化、大旅游"战略目标,扩大了原来的东浦区块,把湖塘镇也纳入规划建设,形成"一镇两区"模式。

一、绍兴黄酒小镇挖掘历史文化

绍兴黄酒小镇跨绍兴柯桥区和越城区,西接中国轻纺城,东临镜湖国家湿地公园,北连国家级袍江开发区,距离瓜渚湖6千米,距离镜湖国家湿地公园5千米,距离越城古城10千米,距离袍江斗门古镇10千米,目前已经成为绍兴文化古城的新地标。绍兴黄酒小镇地区为水乡泽国。境内湖泊密布,江河纵横,自古就是"以楫为马、以舟代车、以桥为路"。鉴湖之水汇聚会稽群山三十六条溪流,青山翠黛,小桥流水,楼榭亭台,风景如画。

绍兴黄酒小镇核心区域为东浦镇。东浦镇为绍兴黄酒的发祥地,酿酒历史可以追溯到2000多年前,兴起于东晋,繁盛于宋代,两宋时代形成集镇,明清至鼎盛,有"醉乡""酒国"之称,与绍兴水、桥、名士合称"水乡、酒乡、桥乡、名士之乡"。清朝乾隆皇帝南巡,喝了绍兴孝贞酒后,御赐金爵予以褒奖,并题词"越酒行天下,东浦酒最佳"。1915年,东浦酒坊周云集信记酒坊的周清酒在巴拿马万国博览会上荣获金奖。清代咸丰初年,在东浦地区衍生出庆祝

图8-1　绍兴黄酒小镇导航图

酒仙诞辰的庆神会,后来形成固定的民俗活动"酒仙会市"。千百年来,东浦传承古法黄酒酿制工艺,街头巷尾、民家院落随处可见酒缸、酒坛、榨酒石等酿酒器具,古镇内依然保留了孝贞酒坊、云集酒坊、谦豫萃酒厂旧址等一大批黄酒历史遗迹,积淀了深厚的黄酒文化。

二、绍兴黄酒小镇主打"黄酒"金名片

黄酒产业是浙江十大历史经典产业之一,销量占全国总量的23.5%,其中绍兴黄酒最为有名,黄酒中的知名品牌也很多。为了用好绍兴黄酒这张"金名片",绍兴市决定打造黄酒小镇,把黄酒生产企业集中起来,打造黄酒产业集群,发挥东浦黄酒文化历史遗迹的优势,缔造黄酒文化产业,推动黄酒产业转型升级,走文化产业发展之路。

绍兴黄酒小镇规划"一镇两区"。2015年绍兴黄酒小镇申报浙江省特色小镇,被列为第一批37个试点特色小镇之一。申报时是东浦黄酒小镇,经过深入规划,对原有的东浦黄酒小镇进行扩展,形成"一镇两区"规划。"一镇"即为黄酒小镇,"两区"是指湖塘镇为黄酒产区,东浦镇为文化旅游区。东浦镇虽然也为产酒区,但由于历史遗迹保护和文化开发的需要,着重体现文化旅游功能,大力发展文化旅游产业。同时,黄酒生产历史悠久的湖塘镇布局黄酒生产企业,通过发掘黄酒历史文化,增加黄酒文化体验,推进黄酒生产与销

售,打造黄酒与文化创意于一体的浙江经典产业小镇,体验、度假于一体的国家5A级景区,传统与现代共生的水乡宜居古镇。

绍兴黄酒小镇坚持"产城人文"模式。随着绍兴市政府确定"一镇两区"创建模式和"大绍兴、大黄酒、大文化、大旅游"战略目标,把小镇定位为"创新黄酒产业、发展黄酒文化旅游、打造黄酒养生社区",形成"产业＋文化＋社区"模式。

绍兴黄酒小镇越城东浦片区,规划东起绿云路(31省道),西至绍齐公路,南至凤林西路,北至群贤路。规划区域约5.28平方千米(含水面1平方千米),共分为四大片区12个功能区块。其中黄酒产业创意商贸区有黄酒产业创意中心、商业休闲中心、国际酒俗展示中心;酒乡文化风情体验区有民俗文化街区、民宿酒坊街区、名人文化艺术中心、越秀演艺中心、黄酒历史文化中心;黄酒国际养生休闲区有黄酒文化国际交流中心、健康养生产业中心、特色医疗中心,以及黄酒小镇游客集散中心。

绍兴黄酒小镇柯桥湖塘片区位于湖塘街道,总体空间结构为"一湖两岸三大片区",总建设面积约为3.43平方千米,核心区域建设面积约为1.2平方千米,总投资超过100亿元。以鉴湖景观为轴,北岸为十里湖塘休闲片区和黄酒文化旅游片区,规划建设黄酒小镇客厅、黄酒研究院、黄酒博物馆、接待中心。南岸为黄酒小镇产业片区,主要为黄酒产区,汇聚了黄酒生产企业,建设4万千升黄酒自动化酿造生产线项目和10万吨黄酒包装物流自动化项目,预计年产黄酒20万吨。

三、绍兴黄酒小镇资源要素优势

(一) 充分发掘历史文化优势

绍兴黄酒小镇作为历史文化经典类小镇是建立在深厚的文化基础上的。首先是酒文化深厚。黄酒是世界三大古酒之一,绍兴黄酒源远流长,有"越酒闻天下,绍兴黄酒香"的美誉。绍兴黄酒传承千年,取鉴湖水用传统工艺酿造。与黄酒有关遗迹很多,酒缸、酒坛、榨酒石等酿酒器具街头巷尾随处可见。农家院落里大酒缸、挑酒的担子、开酒的耙、酿酒的漏斗等各种古色古香的酒用品也比比皆是。孝贞酒坊、云集酒坊、谦豫萃酒厂旧址等一大批黄酒历史遗迹依然保留完好。在东浦集镇中，随处可以感受到黄酒文化的气息。其次是历史文物古迹众多。保护区内有国家级文物保护单位徐锡麟故居，省级文物保护单位热诚学堂，市级文物保护点4处（陈家宗祠、同泰当铺、大川桥、新桥），建筑遗址4处（大门溇余生堂、张仙阁、西周溇周总兵府、陈仪故居）；保留有始建于民国时期的久安洋龙局旧址，记载着民间救火组织"水龙会"历史，还有泗龙桥等罕见的乡土风物。其他具有较高价值的历史建筑遗址8处，保存较好的传统民居台门45处，建筑面积21万平方米，如胡之光故居、全皇后家族清泰台门、隆泰昌台门、祥兴台门、茂记台门等，保存着许多古建筑和传统的风土人情。民间文化艺术丰富，具有深厚的文艺粉丝基础。东浦镇被列为绍兴首批民间文化艺术之乡，电影《风雨古云》《彷徨》，电视剧《九斤姑娘》《狂生徐文长》《阿Q正传》等都在这里取景，被称为"活动摄影棚"。

（二）坚持文化搭台经济唱戏

绍兴黄酒小镇建设遵循"政府主导、企业主体、市场化运作、一站式服务"的合作开发原则，越城区人民政府和精功集团签署了合作共建绍兴黄酒小镇（东浦）的框架协议，精功集团注资1亿元成立全资子公司绍兴黄酒小镇建设投资有限公司负责小镇运营。精功集团5年内筹措50亿元建设资金，在绍兴黄酒小镇（东浦）规划区进行旅游开发。

（三）小镇建设促进产业转型升级

轻纺工业是绍兴的支柱产业，纺织、印染、化工、物流、建筑等行业也已经形成产业优势，但是随着产业转型升级的市场需求越来越强烈，高附加值的文创、电子商务、科技创新等产业迅速崛起，成为未来经济发展的新的增长点。绍兴挖掘黄酒文化优势，打造"非镇非区"的特色小镇，融合黄酒产业、黄酒文化、旅游、社区功能，形成"特镇经济"。引进人才，创新产品，在传统黄酒的基础上，开发黄酒雪糕、黄酒面包、黄酒面膜等迎合年轻人消费习惯的产品，作为新的增长点带动传统黄酒产业的发展。

第四节

传统文化承载与弘扬——南浔善琏湖笔小镇

毛笔是传统文化中文房四宝之一，是一种文化承载。湖笔是中国名笔之一，发展湖笔产业既是发展经济，也是弘扬传统文化，一举两得。浙江省第一批省级 37 个特色小镇创建名单中，湖州市有三个镇入选，分别是湖州丝绸小镇、南浔善琏湖笔小镇、德清地理信息小镇。南浔善琏湖笔小镇在 2018 年公布的考核成绩中被列为优秀。

一、善琏湖笔小镇聚焦毛笔产业

湖州市有很多古镇，其中南浔古镇、新市古镇、太湖古镇、善琏古镇、荻港古镇、双林古镇、和孚古镇较为有名。善琏古镇是典型的江南水乡，小桥流水，是蚕桑文化和中国湖笔文化的发源地，善琏镇制笔已经有 2000 多年的历史。历史悠久，工艺独特精湛，《湖州府志》记载："湖州出笔，工遍海内，制笔者皆湖人，其地名善琏村。"善琏湖笔有"毛颖之技甲天下"之称，驰名中外。善琏古镇有"湖笔之都、蚕花圣地"的美誉。2004 年，善琏镇被中国文房四宝协会、轻工业联合会命名为"中国湖笔之都"，2006 年，被命名为浙江省"民间艺术之乡"。2006 年，善琏"湖笔制作技艺"被列入国家级非物质文化遗产保护名录。善琏镇两次被文化部评为"中国民间文化艺术之乡"。[1] 2015 年 6 月，善琏湖笔小镇被列为浙江首批特色小镇，2018 年 9 月浙江省公布的第一批特色小镇创建验收名单里善琏湖笔小镇被评为优秀。

---

[1]《点赞南浔善琏湖笔小镇：湖笔又见新锋韵》，《光明日报》2018 年 7 月 17 日。

　　善琏古镇位于湖州南浔区,京杭大运河纵贯全镇南北,与德清、桐乡交界,与湖盐干线仅5千米之遥,与申嘉湖高速S12和练杭高速S13出口距离均为10分钟车程。距湖州市30千米,南距杭州52千米,北距苏州100千米,离上海150千米,横穿境内的三新公路连接320、318国道。

　　善琏湖笔小镇位于湖州市南浔区善琏镇,规划设计核心区域1.2平方千米,总体范围4.08平方千米(其中建设用地面积为3.39平方千米)。善琏湖笔小镇东至秀才桥河,西至善琏塘,南至宋古桥河,北至北兴路、夹塘港。

二、善琏湖笔小镇建设发展

　　善琏湖笔小镇建设的目标是借助国学文化中的文房四宝的文化牌,突出湖笔文化,做大做强做足善琏湖笔文化品牌,打造“文化创意产业＋休闲度假产业”,形成湖笔产业中心、全国书画艺术品交易中心、创意文化体验旅游目的地、新型旅游拓展基地,成为传统文化与时尚生活相融合的新型文化旅游小镇。

　　善琏湖笔小镇的空间布局为“三轴四区”。“三轴”是生态景观轴、文化体验轴和休闲度假轴。“四区”是湖笔文化产业集聚区、古镇文化旅游区(文房主题园)、商贸配套服务区(文房淘宝谷)和休闲观光拓展服务区(文房养心园)。“三轴”是善琏湖笔小镇的文化内涵构思,“四区”是善琏湖笔小镇的落地项目。

　　湖笔文化产业集聚区规划区域63公顷,规划建设湖笔制作区、配套用品区、商务休闲区、电子商务区和物流中心。其中湖笔文化产业园规划区域100亩,总投资2.5亿元,湖笔生产企业、绫绢生产企业及配套企业已经入驻,成为湖州最大的湖笔制造基地。

　　古镇文化旅游区规划区域76公顷,建设原汁原味的民俗街区、滨水休闲街区、创意生活街区、静心禅韵街区。其中善琏老街滨河一带的景观改造项目总投资1亿元,改造滨河沿岸400米,改建原河道码头和沿岸房屋。

　　商贸配套服务区规划用地108公顷,打造商业中心,主要建筑有书画艺术品交易中心、餐饮文化区、善琏民俗产品街、游客集散中心等。其中善琏湖笔旅游集散中心规划用地55亩,总投资6000万元。建设有综合服务中心、风情商业街、停车场、游船码头、游览车接驳站。

休闲观光拓展区规划用地113公顷,打造国学研学与休闲养生相结合的项目集群。建设有善琏书画院、国学文化园、度假运动公园、健康疗养基地等。

三、善琏湖笔小镇特色与经验

善琏湖笔小镇创建以来建设进程较快,成效明显。2015年开始创建,2017年善琏湖笔小镇旅游超过50万人次,旅游总收入达6亿元,带动湖笔及相关产业产值增加。[①]善琏湖笔小镇能够取得成功,主要有以下几个因素:

(一)湖笔的产业优势

善琏湖笔有2000多年的优势,在毛笔文化界美誉度和知名度都非常高,社会认可度高。善琏湖笔的产量高,全国毛笔市场的占有率达20%,高档毛笔的市场占有率更是达50%。善琏镇有笔厂、笔店、笔庄几百家,优秀企业湖州市善琏湖笔厂也支撑了善琏湖笔小镇建设。湖州市善琏湖笔厂建厂于1956年,是全国最早专业生产湖笔的工厂,也是迄今为止全国最大生产规模的湖笔制造企业。技术力量雄厚,有国家级首批非物质文化遗产湖笔制作技艺传承人代表1名,国家级制笔艺术大师1名,市民间工艺美术大师3名,市民间工艺美术师2名,市工艺美术师4名。湖州市善琏湖笔厂的"双羊牌"湖笔荣获轻工业部和省优质产品证书,浙江省著名商标称号,浙江省名牌,全国十大名笔,具有强大的质量和品牌优势,对传承、保护和发展湖笔传统制作工艺有很大贡献。

(二)历史人文优势

善琏湖笔小镇被文化部命名为"中国民间文化艺术之乡","湖笔制作技艺"也成为善琏小镇的一张金名片。同时,善琏古镇的深厚的湖笔制作历史

---

① 《点赞南浔善琏湖笔小镇:湖笔又见新锋韵》,《光明日报》2018年7月17日。

及其遗迹也成为焕发新的生机的基石。善琏古镇是湖笔的发祥地,几乎家家都有笔工,家家制作湖笔。善琏镇产的湖笔有羊毫、狼毫、紫毫、兼毫、鸡毫五大类,分别用羊毛、黄鼠狼尾毛、野兔毛、混合毛(羊毛与兔毛或与黄鼠狼尾毛)及鸡绒毛制成,每类笔兼备尖(笔锋尖利)、齐(修削整齐)、圆(丰硕圆润)、健(劲健有力)之独特风格。每支湖笔成品都要经过笔料、镶嵌、刻字等十二道工序,每道工序又有若干小工序,整个制作工艺流程达120余道。善琏古镇有纪念笔祖蒙恬的笔祖庙会,有蒙公祠、皇坟、国太禅寺等遗迹和建筑,还有含山风景旅游区,人文荟萃。善琏湖笔小镇具有丰富的历史人文资源。

(三)政府的引导支持

湖州市善琏湖笔小镇的规划设计由善琏镇政府邀请浙江大学建筑设计院设计整治规划方案,中国中建设计集团上海分公司参与善琏湖笔小镇概念性规划。小镇规划设计既体现了善琏古镇的传统风貌保护,又开发了毛笔文化的现代功能,同时结合了经济发展阶段的文化旅游市场需求趋势,为小镇规划、建设和发展奠定了坚实的基础。

图8-2　善琏湖笔小镇效果图

第五节
弘扬传统中医药——磐安江南药镇

中医药是中国的国粹之一,发展中医药利国利民。磐安县利用中药资源,发展中医药产业,带动了农业发展,弘扬了国粹。浙江省第一批省级37个特色小镇创建名单中金华市有义乌丝路金融小镇、武义温泉小镇、磐安江南药镇三个镇入选,磐安江南药镇在2018年公布的考核成绩中被列为优秀。

一、磐安江南药镇致力于传统中药

磐安江南药镇规划建设于磐安县新渥镇,处于磐安县城与新渥镇之间。磐安县有着丰富的中药资源。磐安县森林覆盖率达80.4%,是浙中地区江河源头的重点,是生态功能区和保护区,是国家级生态县。其中大盘山有药用植物1219种,是全国唯一以药用植物种质资源保护国家级自然保护区,被称作"天然的中药材资源宝库"。

磐安县的中药材历史悠久,种植元胡可以追溯至唐朝末年。在宋代时,中药材白术、玄参、白芍已经名声在外。明朝的时候白术种植已经很有名了,有"白术,玉山民多种,以为生,余药皆有之"的记载。玉山古茶场是明朝保留下来的国内唯一中药材和茶叶交易的茶厂遗址,被列为全国文物重点保护单位。民国时期,磐安出产的白术、元胡、芍药、贝母、玄参五种中药材合称为"磐五味",是著名的地道药材,驰名中外。

磐安江南药镇建成后将成为华东地区最大的中药材交易市场,引领中药产业集聚发展,带动磐安县的中药产业。磐安江南药镇以其独特的优势入选2015年第一批浙江十大特色小镇,在2017年度创建考核中被评为优秀,成为金华市唯一被评为优秀的特色小镇。

图8-3　磐安江南药镇规划图

二、磐安江南药镇建设促进中药产业发展

　　磐安江南药镇规划定位是以中草药文化为内核,集中高端中药产业,打造华东地区最大的中药材贸易市场,建立中医康复、保健食品、保健养生、休闲度假体系,做强集中药材种植基地、深加工、市场交易、生态旅游于一体的中医药健康养生产业体系。

　　磐安江南药镇形成"一城四区"。经过几年的规划建设,形成"一城四区"或者"一带一路四片多点"的格局。"一城"就是浙八味特产中药材城(磐安市场)中药材商贸区。浙八味特产中药材城位于诸永高速磐安出口2千米处的磐安江南药镇药城路88号。占地面积285亩,建筑面积约23万平方米,每年于此举办中药材博览会。"四区"是中药产业园区(工业园区)、中药种植展示区(药文化展示区)、中药文化休闲区(科技信息区)、养生社区(综合服务区)。磐安江南药镇规划总投资76.7亿元,规划区域3.9平方千米,核心区占地200亩,建筑用地1500亩。"多点"就是有多个主题项目,有中药文化园、养生博览馆、中医院、中医药文化特色街、康体养生园、中医药主题公园、百草园等。

　　磐安江南药镇的衍生品是"一带",即磐安江南药镇带动的中药材种植带。全县从事中药材种植的有4.8万户,6.8万从业人员,种植面积超过8万亩。特产药材浙贝母产量占全国50%以上。其中磐安江南药镇所在地新渥镇种植中药材面积超过2万亩,全镇有中药材种植生产专业村5个,450户种植大户,带动全镇80%人口从事中药材产业,人数超过1万人,全镇中药材产量超过1万吨,产值达4.8亿元,"户户种药材,村村闻药香"。①

三、磐安江南药镇特色和启示

磐安江南药镇于2015年6月被列入浙江第一批省级特色小镇(浙特镇办〔2015〕2号),在一年之后的考核中被列为警告。政府积极作为,督促企业按照规划计划推进工程进度,在一年多后的二次创建和培育对象考核中被列为优秀,可以说是经历了一个凤凰涅槃的过程。

(一) 政府在磐安江南药镇建设中成为推动的主力

磐安县在中药材种植、中药加工和中药材贸易方面有悠久的历史和得天独厚的条件,但是推动小镇的建设仅靠市场行为还是不够的。首先是基础设施等投资是企业难以承受之重,基础设施类建设需要政府提供公共服务。磐安新城区建设管理委员会成立国有控股公司——磐安新城区建设投资有限公司负责药镇的建设和管理。其次是小镇建设需要的资金量大,而且投资大见效慢,需要政府背书,通过财政税收土地等政策引导企业参与小镇建设和入驻小镇。再次是小镇建设涉及多方关系的协调,需要政府牵头,特别是拆迁补偿等,必须政府出面才能进行下去。至2015年底,药镇引入企业120家,个体工商户990个,创业团队20多个。由于没有完成预定目标,在2016年的创建考核中被警告。政府相关部门积极行动,动员企业和个体户。至2017年底,药镇引入52家中药材家庭农场,113家中药专业合作社,5家中药龙头企业,4家国家高新技术企业,67家中药制药、饮片加工、配方颗粒企业,600多家原药销售企业,共有574家销售中医药保健品和中药材加工企业。药镇实现

①《江南药镇:产业园区转型特色小镇》,http://www.sohu.com/a/300171596_100020178。

了中药材种植、贸易和加工企业的集聚。

（二）磐安江南药镇的带动效应逐渐显现

药镇建成带动中药材相关市场主体集聚后，集聚效应逐渐显示出来，600多家原药销售企业中有300多家延伸了产业链，开始加入保健品行列，实现了转型升级。市场创新服务体系，推广"中药材＋基地＋农户＋互联网"服务模式，减小农户单体种植中药材的市场风险，提高种植户的经济收入。中药材公司有足够的厂房与专业的加工，可以及时地对本地的新鲜中药材进行加工，保证中药材的品质稳定、药品安全、过程可控，与农户无序的自行加工、手工作坊加工相比，药材质量得到大幅提升。

（三）磐安江南药镇立足优势，逐步拉长产业链

磐安的优势在中药材的种植。除了传统的"磐五味"外，还扩大了铁皮石斛等中药材的种植，形成铁皮石斛、三叶青、灵芝等新"磐五味"。铁皮石斛种植面积超过800亩，产量超过300吨，种植企业25家，产值超过亿元，成为中药材种植产业新的增长点。有了中药材种植和贸易做根基，磐安江南药镇规划定位为"药材天地、医疗高地、养生福地、旅游胜地"，融合中药产业、中医药旅游、社区、人文四个功能，构建中草药文化为核心，发展高端中药产业、旅游养生度假、区域联动发展，传承中医药文化，促进人与自然和谐共生，构建精致的中医药特色小镇。从目前的经济社会发展阶段来看，"药材天地"的基础比较好，这个目标容易实现，能够很好地传承中国中医药文化。"医疗高地"的基础比较薄弱，一方面中医药的发展与西医发展相对处于劣势，另外一方面医院医疗需要名医大师，磐安地理位置处于浙江中部，而且属于山区，人才竞争方面处于不利地位。"养生福地、旅游胜地"的竞争压力比较大，全省的特色小镇大多的目标定位是旅游、养生社区，客户群体分流。规划建设拉长产业链，从传统的中药材种植中向两端拓展，开展中药材种植的研究、中药材产品的研究开发，能够给中药材产业带来更高的附加值。

（四）以磐安江南药镇建设为载体，促进中药材龙头企业的发展和科研研发

药镇吸引高端人才、大型企业、创业者入驻。引进1名中科院院士，14名"国千人才"。其中中国中药集团成立浙江一方制药有限公司，投资21.5万元建设中药配方颗粒生产线，成为药镇最大的龙头企业。北京本草百年生物科技有限公司（福建正本药业）在药镇建设本草百年民族医药馆。药镇和医学医药科研、教学、生产单位合作开展中药材的研发，建立了25个药用植物物种资源圃，保存了5533份浙江特产道地药材和珍稀濒危药材资源，引进了科学的种植、加工、生产和管理技术。药镇在杭白菊、白术、元胡、铁皮石斛等中药材种植中采取登记方式，规范科学使用农药，同时中药产业园生产基地生产过程实行"二维码"追溯管理，通过实施种植、生产信息建设，确保中药材的安全、道地。磐安天集中药材有限公司的浙贝母标准化基地，改良土壤结构，用黄豆做肥料的土壤有机肥，浙贝母的品质大幅提高。

（五）磐安政府对中药材进行品牌提升

从2007年开始，磐安县政府主导承办"中国·磐安中药材博览会"，每年一届，博览会期间除了展示展销外，还举办论坛、推介投资项目、推广中医文化等活动，打造"千年药都"品牌。

第六节
石雕产业升级——青田石雕小镇

石雕和中国的建筑及审美相连,有上千年的历史。石雕产业和文化市场更新迭代,既传统历史,又体现时代特色。青田石雕小镇是历史经典产业类的特色小镇,于2015年6月入选第一批浙江省特色小镇创建名单。

一、青田石雕小镇形成石雕产业高地

青田石雕小镇位于浙江省丽水市青田县山口镇。青田县是我国著名的华侨之乡、石雕之乡、名人之乡(被称为"三乡文化")。青田县华侨遍及全球,有300多年的华侨历史。出过南宋名相汤思退、名医陈言,明代军事家刘基,清代学者韩锡胙、端木国瑚,近代社会活动家章乃器等历史名人。社会上被广泛认可的"四大名石"之一青田石就出自这里,其中山口软石是青田石的代表。山口镇是青田石雕的发源地。青田石雕有1700多年的历史。小镇距青田县城约8千米,距上海约350千米,距杭州市约200千米,距高速入口约6千米,距青田高铁站约3千米,距机场约100千米。

青田石雕小镇规划区域3.3平方千米,计划5年内投资50亿元。小镇规划布局:"一带三区多园"。"一带"是指石雕文化风土人情带,"三区"是指石雕小镇石雕产品交易区、青田石雕产品创作区和石雕文化休闲度假区,"多园"是指石雕文化产业园区、青田石雕综合市场、太阳岛休闲养生基地、四都港漂流、石雕小镇侨家乐、贵岭农业休闲区、休闲健身区、篆刻艺术村、特色文化风情街、矿山公园和千丝岩文化公园。

小镇主体构成:秋芦石雕综合市场、石雕文化产业园、雅陈太阳岛养生综合体、云山石雕创意园区、石雕小镇侨家乐、千丝岩石文化公园。

发展目标：打造石雕产业、石雕文化、旅游观光。

二、青田石雕小镇发展的资源要素

（一）历史基础

青田县山口镇是中国著名的石雕之乡，被称为"青田石雕"。青田石雕有1700多年的历史，石雕文化更是有6000多年的历史。青田石雕距今已有1700多年的历史，山口镇是青田石雕的发源地，是著名的石雕之乡，现已成为全国各类雕刻石的集散中心。

（二）创建青田石雕小镇

青田石雕闻名遐迩，在中国工艺美术界中占有重要地位，随着经济条件改善，人们对美好生活的需求增加，石雕产业的市场更加广阔。2015年丽水市青田县决定发挥"三乡文化"优势，整合石雕产业、华侨、石雕文化等元素，创建青田石雕小镇。建成中国石雕城、金石花苑石雕市场、名师路精品街、板石原石交易中心等石雕市场。[①]

（三）注重工艺人才培养

石雕属于艺术行业，人才是核心竞争力。石雕小镇拥有3500多名石雕从业人员，拥有24名省级工艺美术大师、18名市级工艺美术大师。

（四）吸引华侨投资

青田县是著名侨乡，其中山口镇就有大约1.3万名华侨。地方政府出台优惠政策吸引华侨归国投资，其中旅居意大利的华侨蒋一科为"有邻山庄"兰花展馆投资800万元，该馆集展览、民宿、养生于一体；旅居比利时的华侨吴建

[①]《青田石雕小镇：让粗犷市场走向高端融合发展》，http://tsxz.zjol.com.cn/ycnews。

平投资1.35亿元发展风情旅游,打造千丝岩景区;温州乐清商人何锦云投资2.6亿元,发展"汇珍会艺雕"项目和养生养老项目。华侨回归投资近6亿元。

（五）提升旅游文化品质

2009年12月获批造国家4A级石雕文化旅游区,为提升"石雕文化"旅游知名度、美誉度,小镇举办中国青田石雕风情小镇文化休闲节,组织参加各种展览和竞赛比赛。

（六）出台专项政策保障小镇建设

浙江省《关于加快特色小镇建设的指导意见》指出,保障青田石雕小镇建设土地指标,及时调整石雕小镇规划,征用秋芦和大安南园土地共154.4亩,用于玉石交易市场和石雕产业园建设。

参考文献

[1]林雪萍.美国制造创新研究院解读[M].北京:电子工业出版社,2018.

[2]仇保兴.特色小镇的发展要有深度和广度[N].中国企业报,2017-02-28.

[3]傅一波."特色小镇"培育视野下昆山软件园规划策略研究[D].苏州:苏州科技学院,2017.

[4]张雪娜.浙江省特色小镇建设的机制创新研究[D].金华:浙江师范大学,2017.

[5]严晨安.小镇大机会——杭州加快特色小镇建设,推动创新转型[J].杭州科技,2016(2).

[6]李浩.浙江省特色小镇建设的历程、存在的问题及对策研究[D].济南:山东大学,2018.

[7]张祝平.河南省特色小镇建设问题分析[J].职大学报,2017(4).

[8]朱晨澜,王松,白小虎.马克思主义社会有机体视阈下的特色小镇研究——关于浙江特色小镇的实地调研[J].城市学刊,2018(1).

[9]单彦名,马慧佳,宋文杰.全国特色小镇创建培育的认知与解读[J].小城镇建设,2016(11).

[10]邵高峰.我国特色小镇建设概述[J].建设科技,2018(2).

[11]叶慧.经济转型发展的战略选择——浙江规划建设特色小镇综述[J].今日浙江,2015(13).

[12]樊城锋.产业集聚基础上的特色小镇创建模式探索——以绍兴市为例[D].南京:南京农业大学,2016.

[13]来佳飞.特色小镇:杭州新经济的创新载体[J].浙江经济,2016(18).

[14]姚尚建.城乡一体中的治理合流——基于"特色小镇"的政策议题[J].社会科学研究,2018(1).

[15]张丽萍.我国特色小镇发展的理论与实践脉络分析[J].调研世界,2018(6).

[16]顾利民.打造泛娱乐产业与信息经济深度融合新平台——上虞e游小镇的案例分

析[J].浙江经济,2018(2).

[17]许益波,汪斌,杨琴.产业转型升级视角下特色小镇培育与建设研究——以浙江
上虞e游小镇为例[J].经济师,2016(8).

[18]杨晓蔚,钟亦明,钟其,等.浙江省环保产业发展状况评估及展望[J].中国环保产
业,2017(3).

[19]江勇.浙江省特色小镇与城市发展关联关系研究[J].小城镇建设,2017(2).

[20]余婷婷.解码乌镇[J].中国房地产(市场版),2017(12).

[21]王升.红木小镇:新型城镇化开发的新样本[J].浙江经济,2017(13).

[22]张红喜,汪长城.政策触媒下浙江省特色小镇创建路径探讨——以淳安县乐水小
镇为例[J].小城镇建设,2016(11).

[23]梁淑芬.浙江省歌斐颂巧克力旅游小镇国际化的成功经验与启示[J].对外经贸
实务,2018(4).

[24]王璐.特色小镇产业生态链及其空间载体构建研究——以余杭艺尚小镇为例
[J].小城镇建设,2016(3).

[25]李跃军,林荫,姜琴君.浙江省特色小镇旅游开发的SWOT分析与对策[J].中国名
城,2016(10).

[26]梁龙,张夏啸.濮院:毛衫时尚小镇的蜕变日志[J].中国纺织,2016(6).

[27]楷亚锐衡设计规划咨询(上海)有限公司,浙江丝绸小镇概念规划与城市设计[J].
城市建筑,2017(24).

[28]虞建萍,丁伟杰.龙坞茶镇:打造优势产业新样本[J].杭州(党政刊),2018(13).

[29]程萍.特色小镇"特"在哪里?[J].小康,2017(1).

[30]马树贤,石佳佳,徐军.新时代 新能源 新生活—— 浙江长兴新能源小镇发展纪
实[N].中国改革报,2017-12-06(05).

[31]浙江省级特色小镇最新最全名单出炉[EB/OL].[2018-09-18].https://zj.zjol.com.
cn/news/1033515.html.

[32]如何打造一个具有生命力的体育小镇[EB/OL].[2017-11-23].http://www.sohu.
com/a/206241663_99921007.

[33]前瞻网.德清地理信息小镇案例分析[EB/OL].[2018-01-09].https://www.sohu.
com/a/215586937_114835.

[34]刘璇.特色小镇的十大类型[EB/OL].[2017-06-15].https://www.sohu.com/a/
149248412_728291.

[35]杭州余杭梦想小镇案例[EB/OL].[2018-06-01].http://www.360doc.com/content/
18/0601/10/8448336_758705627.shtml.

[36]郝杰.特色小镇:新型城镇化的"特色"担当正能量[EB/OL].[2017-03-22].

http://www.sohu.com/a/129721090_315625.

[37]2017年乌镇互联网特色小镇建设实践[EB/OL].[2017-11-13].http://www.sohu.com/a/204331131_100034177.

[38]义乌市光源科技小镇[EB/OL].[2018-06-27].http://www.atcfw.com/news/show-828.html.

[39]杭州萧山信息港特色小镇案例[EB/OL].[2018-09-28].http://blog.sina.com.cn/s/blog_163995cb80102xn8a.html.

[40]案例:浙江·特色小镇之萧山信息港小镇[EB/OL].[2017-06-28].http://dy.163.com/v2/article/detail/CO28OIJG0519CA1N.html.

[41]浙江上虞e游小镇:致力打造未来"游戏之都""科技之城"[EB/OL].[2016-08-11].http://www.sohu.com/a/110067549_166488.

[42]无中生有创传奇:光膜小镇从一块铝锭到一片光膜[EB/OL].[2018-11-13].http://news.lxzc.net/2018/1113/61569.shtml.

[43]浙江衢州锂电材料小镇打造全生命周期产业链 三年力争总产值130亿元[EB/OL].[2018-11-09].http://www.tdcheml.com/article-657069.html.

[44]历史文化型特色小镇——越城黄酒小镇[EB/OL].[2017-04-20].https://www.sohu.com/a/135255627_714700.

[45]活水教育特色小镇考察 湖州市典型特色小镇[EB/OL].[2018-01-25].http://www.sohu.com/a/218866407_645632.

[46]善琏:湖笔小镇逐梦时[EB/OL].[2015-12-10].http://zjnews.zjol.com.cn/system/2015/12/10/020945660.shtml.

[47]青田石雕小镇简介[EB/OL].[2016-10-10].http://tsxz.zjol.com.cn/system/2016/10/10/021325746.shtml.